Retratos do Brasil

Coleção **Retratos do Brasil**

1. *Cartas Chilenas* — Tomás Antônio Gonzaga
   org. Joaci Pereira Furtado
2. *Apontamentos de viagem* — J. A. Leite Moraes
   org. Antonio Candido
3. *Jornal de Timon* — João Francisco Lisboa
   org. José Murilo de Carvalho

Conselho editorial:
Antonio Candido
João Moreira Salles
Lilia Moritz Schwarcz

João Francisco Lisboa

Jornal de Timon
Partidos e eleições no Maranhão

INTRODUÇÃO E NOTAS:

José Murilo de Carvalho

COMPANHIA DAS LETRAS

Copyright © 1995 by Companhia das Letras
Copyright da introdução e notas
© 1995 by José Murilo de Carvalho

Capa e projeto gráfico:
Victor Burton

Preparação:
Marcos Luiz Fernandes

Revisão:
Ana Paula Cardoso
Carmen S. da Costa
Carlos Alberto Inada

Dados Internacionais de Catalogação na Publicação (CIP)
(Câmara Brasileira do Livro, SP, Brasil)

Lisboa, João Francisco, 1812-1863.
  Jornal de Timon : partidos e eleições no Maranhão/ João
Francisco Lisboa ; introdução e notas José Murilo de Carvalho.
– São Paulo : Companhia das Letras, 1995.

  ISBN 85-7164-446-2

  1. Eleições – Maranhão – Século 19 2. Jornalismo – Maranhão – Século 19 3. Lisboa, João Francisco, 1812-1863 4.
Maranhão – Política e governo – Século 19 5. Partidos políticos – Maranhão – Século 19 I. Carvalho, José Murilo de, 1939-

95-1285   CDD-079.812104

Índices para catálogo sistemático:
1. Maranhão : Jornalismo : Século 19 079.812104
2. Século 19 : Maranhão : Jornalismo 079.812104

1995

Todos os direitos desta edição reservados à
EDITORA SCHWARCZ LTDA.
Rua Tupi, 522
01233-000 — São Paulo — SP
Telefone: (011) 826-1822
Fax: (011) 826-5523

Introdução

Lisboa e Timon: o drama dos liberais do império

O CONTEXTO

As três décadas que se seguiram à independência foram tempos de grandes agitações e de grandes desafios. Tratava-se de criar e organizar um país sem nenhuma tradição de autogoverno, recém-saído de experiência colonial das mais retrógradas. A imensa vastidão do país, a falta de comunicações, o resultante isolamento das províncias, o analfabetismo generalizado, a escravidão, o fracionamento social e político das elites, tudo agravava a dificuldade da tarefa. Forças políticas puxavam em direções opostas, da unidade e da separação, do centralismo e do federalismo, da monarquia e da república, do liberalismo e do absolutismo, da Europa e da América. Muita gente, sobretudo na capital nacional e nas capitais provinciais, se viu de chofre atraída para o torvelinho da luta política sem nenhum tirocínio prévio. Valiam as armas mais variadas, desde as propriamente ditas até o

JORNAL DE TIMON

prestígio, a palavra, o dinheiro, a força. Havia uma sensação de caos mas também de oportunidades de ação criativa.

A abdicação do primeiro imperador exasperou ainda mais a luta. Foram-se os últimos resíduos do absolutismo e o país viu-se pela primeira vez face a face consigo mesmo. A monarquia sustentava-se apenas na frágil figura de uma criança de seis anos. As capitais mais importantes tornaram-se palcos de revoltas do "povo e tropa", o povo vitimado pela carestia pela qual culpava os portugueses, a tropa insatisfeita com os baixos soldos e com o predomínio de portugueses entre a oficialidade. As forças descentralizadoras exigiram a reforma da Constituição num sentido federal; as forças liberais acabaram com o Conselho de Estado, suspenderam o exercício do Poder Moderador, introduziram a eleição popular do regente. Em breve, a maior autonomia política das províncias abriu margem ao conflito entre grupos de elites provinciais. Inexistindo ainda organização nacional de partidos, esse conflito girava muitas vezes em torno de interesses locais que se prestavam mal a etiquetas ideológicas. Um dos sintomas dessa precária elaboração política eram os nomes que se davam mutuamente as facções. Eram os bem-te-vis no Maranhão, os guabirus em Pernambuco. Ou os cabanos em Alagoas, no Maranhão e no Pará; os luzias em Minas, os saquaremos no Rio de Janeiro, os colunas

INTRODUÇÃO

e praieiros em Pernambuco, os farrapos no Rio Grande do Sul, os balaios no Maranhão. Os conflitos degeneravam com freqüência em luta aberta. Pipocaram revoltas por todo o país. Em Pernambuco, Alagoas, Bahia, Pará, Maranhão, Minas Gerais, São Paulo, Rio Grande do Sul. Algumas dessas revoltas escaparam ao controle das elites e transformaram-se em guerras populares. Foi o caso da Guerra dos Cabanos, em Alagoas, da Cabanagem, no Pará, da Balaiada, no Maranhão, e, em parte, da Sabinada, na Bahia. Na Balaiada, vaqueiros, pequenos proprietários, escravos fugidos ocuparam importantes cidades e ameaçaram a capital assustando a elite escravocrata e os próprios liberais.

A partir de 1837, cresceu o movimento de reação conservadora, conhecido como Regresso. A reação culminou no restabelecimento do Poder Moderador e do Conselho de Estado e na reforma das leis descentralizadoras, tudo feito em 1841, aproveitando a antecipação da maioridade do imperador, ironicamente promovida pelos liberais. As províncias mantiveram suas assembléias, mas cresceu o poder do governo central no controle da justiça, da polícia, da guarda nacional e do exército. Além da dependência política e administrativa, as províncias mais pobres, entre as quais se achava o Maranhão da época, dependiam também do governo central para suplementos ao orçamento. O presi-

7

JORNAL DE TIMON

dente de província, de nomeação do governo central, tornou-se o principal intermediário entre este e a política local. Sua principal tarefa passou a ser ganhar as eleições para o partido que estivesse no poder. Freqüentemente, ele próprio usava o cargo para eleger-se deputado geral ou senador. A centralização permitiu também a formação de partidos nacionais, o liberal e o conservador. As facções locais passaram a alinhar-se a esses partidos, embora nem sempre fosse possível detectar distinções ideológicas entre elas.

Na década de 40 aconteceram as últimas revoltas provinciais. O ciclo encerrou-se com a Praieira, em Pernambuco, em 1848. A formação dos dois partidos nacionais e seu revezamento no governo, possibilitado pelo exercício do Poder Moderador, deram estabilidade ao sistema. Desapareceu o receio de que uma facção local dominasse a outra indefinidamente. A chegada ao poder era questão de tempo, paciência e habilidade. O conflito entre grupos de elite encontrara um mecanismo de arbitramento. A conciliação das elites dificultava a revolta popular, que só esporadicamente iria perturbar a tranqüilidade do Segundo Reinado. Nesse contexto, as eleições tornaram-se momentos cruciais para o governo e seus aliados locais. Ganhá-las a todo custo era questão de honra. Os mecanismos centralizadores do Regresso mostraram-se preciosos para o governo e foram usa-

INTRODUÇÃO

dos por conservadores e liberais sem distinção. Cada nova situação política era acompanhada de grande derrubada de empregados públicos, presidentes, comandantes militares, juízes, chefes de polícia, delegados, coletores de impostos, oficiais da guarda nacional. Todos se punham a campo para garantir a vitória do ministério nas urnas.

A Constituição de 1824 fora generosa em definir o alcance dos direitos políticos. Votavam nas eleições primárias todos os homens maiores de 25 anos que tivessem renda equivalente a cem mil-réis ao ano. Nas eleições secundárias a exigência de renda subia para duzentos mil-réis. Era uma renda bastante baixa para a época. Não havia exigência alguma de alfabetização. Na prática, os direitos políticos consagrados pela Constituição eram mais amplos do que os de quase todos os países europeus da época, incluindo a Inglaterra posterior à reforma eleitoral de 1832. Os liberais fizeram uma reforma eleitoral em 1846, pela qual o censo subia para duzentos mil-réis, mas ele continuava suficientemente baixo para permitir que muita gente votasse. Esta gente votava nas eleições primárias e o fazia da maneira que sabia — em meio a vozerio, pateadas, algazarras, cacetadas. O fato de se realizarem as eleições dentro das igrejas e de serem precedidas e seguidas de cerimônias religiosas não constituía empecilho ao entusiasmo "cívico". Por precaução, os

JORNAL DE TIMON

párocos retiravam as imagens dos templos para evitar que servissem de armas eleitorais.

O AUTOR

Nesse tempo e nesse ambiente viveu João Francisco Lisboa (nasceu em 1812).[1] O Maranhão da época era uma província de menos de duzentos mil habitantes, mais da metade dos quais era composta de escravos. São Luís era uma acanhada capital provincial de menos de trinta mil habitantes, marcada pela forte presença portuguesa, resíduo do antigo estado do Maranhão e do Grão-Pará. Embora oriundo de importante família de fazendeiros, Lisboa não seguiu o caminho normal dos de sua classe, o curso jurídico ou de medicina. O desvio talvez se deva ao fato de ter perdido o

----

[1] A biografia mais conhecida de Lisboa ainda é a de seu amigo Antônio Henriques Leal, organizador da primeira edição de suas obras. Está incluída na edição das *Obras* feita no Maranhão em 1864-5, sob o título "Notícia acerca da vida e obras de João Francisco Lisboa". Foi reproduzida no *Pantheon Maranhense*, do mesmo autor, publicado em 1875 em Lisboa. Entre trabalhos mais recentes salienta-se o de Maria de Lourdes M. Janotti, *João Francisco Lisboa: jornalista e historiador*. Consultar-se-ão também com proveito os prefácios às edições das obras de Lisboa, sobretudo os de Octávio Tarquínio de Souza, João Alexandre Barbosa e Afrânio Coutinho.

INTRODUÇÃO

pai muito cedo, talvez a sua natureza doentia. Seja como for, aos quinze anos era caixeiro em São Luís. Aos dezenove, já se metia no torvelinho político da época, assinando manifesto antiportuguês na Setembrada de 1831, revolta do "povo e tropa" da capital da província. No ano seguinte, deu início a sua longa carreira de jornalista e escritor, publicando seu primeiro jornal, *O Brazileiro*. O jornal retomava a luta do líder liberal José Cândido de Morais e Silva, editor de *O Pharol Maranhense*, fechado por ocasião da Setembrada. O título era revelador do nativismo antiportuguês que então predominava nos meios liberais. Após a morte de Morais, Lisboa reviveu o *Pharol*. Em1834 criou o *Echo do Norte* e em 1838 seu jornal mais combativo, *Chronica Maranhense*. O último jornal seria o *Publicador Maranhense*, que dirigiu de 1842 a 1855.

Na época, o jornal era arma indispensável na luta política. Lisboa militou desde o início nas hostes liberais e pôs seu talento de jornalista e escritor autodidata a serviço dos bem-te-vis. O reconhecimento dos chefes não demorou, prova da qualidade de seu trabalho. Entre 1835 e 1837, foi secretário de governo do presidente Antônio Pedro da Costa Ferreira, futuro barão de Pindaré, um dos mais ricos e influentes líderes locais. Por essa época, elegeu-se também deputado provincial. Foi talvez seu momento de maior glória,

JORNAL DE TIMON

apesar da pouca idade. Logo viriam tempos difíceis graças à subida dos conservadores, os cabanos, em 1837. No ano seguinte, rebentou a Balaiada, que agitou a vida da província até 1841. Lisboa foi insistentemente acusado pelos cabanos de envolvimento com os revoltosos, aparentemente sem razão. Nas páginas de sua *Chronica* combateu os revoltosos e ajudou a organizar a defesa da capital quando estes ameaçaram tomá-la. Em 1840, após a subida dos liberais, que no Rio tinham dado o golpe da maioridade, sofreu sua grande decepção política. O partido não o colocou na lista de candidatos a deputado geral, preferindo dar o posto a um dissidente dos conservadores, da importante família Jansen.

Desgostoso, dizendo-se, de acordo com o biógrafo Antônio Henriques Leal, "enojado da política", tornou-se rábula e dedicou-se à advocacia. Mas o vírus da política não o deixou tão facilmente. Em 1842, por insistência do barão de Pindaré, fundou o *Publicador Maranhense*. Regressando os liberais ao poder em 1844, voltou à luta apoiando o governo de Joaquim Franco de Sá em 1847-8. Neste último ano elegeu-se também mais uma vez deputado provincial. Mas a essa altura o entusiasmo pela luta política e pela atividade jornalística já se arrefecera. As causas do arrefecimento não são claras. Talvez se devesse ao fato de que a disputa política em si tornara-se mais tranqüila. Liberais e

INTRODUÇÃO

conservadores, ou melhor, bem-te-vis e cabanos, tinham chegado a um *modus vivendi* sob a garantia da alternância no poder dada pela Coroa. Alguns líderes passavam de um partido para o outro sem maiores problemas. Talvez se devesse à frustração pela dificuldade que um simples jornalista sem diploma de curso superior encontrava em subir aos postos mais altos de chefia. Talvez se devesse ao simples cansaço, ou à vontade de deixar a província em busca de horizontes menos acanhados.

Seja como for, além da advocacia, em que parece ter se saído bem, Lisboa começou a interessar-se por temas de história e de folclore. No início da década de 50, saíram no *Publicador* trabalhos seus sobre a Procissão dos Ossos, a festa de Nossa Senhora dos Remédios, o teatro de São Luís. Pensou em escrever um ensaio histórico sobre a escravidão, só não o fazendo por ter tomado conhecimento da obra de Harriet Beecher Stowe, *A cabana do pai Tomás*, que, segundo ele, corresponderia ao tipo de trabalho que gostaria de fazer. Em 1852, começou a ser publicado, em forma de folhetins mensais, o *Jornal de Timon*. A publicação continuou em 1853, completando dez folhetins. Dois últimos folhetins saíram em 1858, quando o autor se achava em Lisboa.

Em 1855 conseguiu deixar pela primeira vez a província e realizar o sonho de quase todos os políticos e intelec-

JORNAL DE TIMON

tuais provincianos da época: conhecer a Corte. Mas Lisboa
queria mais do que a Corte, queria a Europa. No mesmo
ano partiu para Lisboa, onde estava seu conterrâneo Gonçalves Dias em missão oficial, copiando documentos sobre
o Brasil nos arquivos portugueses. Provavelmente já sabedor
do desejo de Gonçalves Dias de deixar o posto, candida-
tou-se a substituí-lo, pedindo para tal o apoio do famoso
historiador da época, Francisco Adolfo de Varnhagen. Em
carta a este último, datada de maio de 1856, disse detestar
a política e estar aborrecido com a vida de advogado.[2] Conseguiu o posto e passou a dedicar-se à pesquisa histórica sob
a orientação de Varnhagen, a quem recorria com freqüência
para se aconselhar. A ajuda não impediu que entrasse em
polêmica com o autor da *História geral do Brasil*, a quem
acusou de defender o uso da violência e da escravidão por
parte dos colonos portugueses no trato com os índios. A polêmica expandiu-se quando José de Alencar, sob o pseudônimo de Erasmo, tomou as dores de Varnhagen e atacou

---

[2] As cartas de Lisboa a Varnhagen, em número de 26, foram publi-
cadas por este último em Francisco Adolfo de Varnhagen, visconde de Porto Seguro, *Os índios bravos e o senhor Lisboa, Timon 3*. As cartas são muito
obsequiosas e revelam um Lisboa inseguro quanto ao trabalho que se pro-
punha fazer.

INTRODUÇÃO

Lisboa com crueldade, chamando-o de "Timon de batoque".[3]

Em Portugal, Lisboa publicou o último volume do *Jornal*, dedicado à história do Maranhão, e biografias do conterrâneo Odorico Mendes e do padre Antônio Vieira. Só regressou ao Brasil uma vez em 1859, retornando logo a Portugal. Sofrimentos relacionados com problemas de fígado e rins parecem ter azedado ainda mais o temperamento do maranhense, conhecido pela irritabilidade e misantropia. Fez poucos amigos na capital portuguesa, onde vivia metido nos arquivos e escrevendo. A única pessoa com quem se deu um pouco melhor foi Alexandre Herculano, na sua avaliação "macambúzio pior que eu". Morreu em 1863, aos 51 anos de idade.

O TEXTO

A primeira edição completa do *Jornal de Timon* foi feita no Maranhão em 1864-5, juntamente com outros escri-

---

[3] Ver José de Alencar, *Diatribe contra a timonice do Jornal de Timon maranhense acerca da História geral do Brasil do senhor Varnhagen*. A virulência do ataque, que fala em timonices, sandices, momices e acusa Timon de comer às custas da "barba longa" (Pedro II), revela o futuro defensor da escravidão das *Novas cartas de Erasmo*.

JORNAL DE TIMON

tos, nas *Obras de João Francisco Lisboa*, em quatro volumes organizados e revistos por Luís Carlos Pereira de Castro e Antônio Henriques Leal. Uma segunda edição, quase sem modificações, em dois volumes, foi feita em Lisboa em 1901. Essas duas edições serviram de base para o texto da publicação atual, que, no entanto, se limita aos segundo e terceiro folhetins, publicados originalmente em 1852 sob o título de "Partidos e eleições no Maranhão", e incluídos no primeiro volume da primeira edição das *Obras*. O primeiro folhetim, uma preparação aos dois seguintes, trata das eleições na Antiguidade, na Idade Média e nos tempos modernos. Para melhor entendimento do espírito de Timon, inclui-se aqui também o "Prospecto", que é uma espécie de introdução geral ao *Jornal*. Acompanha ainda a presente edição uma parte do quarto folhetim, também de 1852, intitulada "Timon a seus leitores". Trata-se de texto importante por conter resposta do autor às muitas críticas provocadas pela impiedosa avaliação que fizera da política de sua província. O quarto folhetim inclui ainda umas "Considerações gerais" sobre política. Os folhetins de número 5 a 12 tratam da história do Maranhão sob o título geral de "Apontamentos, notícias e observações para servirem à história do Maranhão".

INTRODUÇÃO

O estudo das eleições foi o primeiro a sair sob o pseudônimo de Timon. A escolha do pseudônimo certamente não se devia a qualquer tentativa de ocultar a identidade do autor, coisa quase impossível na pequena São Luís. Tratava-se antes de marcar uma postura diante da realidade da província, sobretudo da realidade política. A inspiração vinha sem dúvida de Timon, o Misantropo, contemporâneo de Sócrates, e não de Timon, o Silógrafo, sofista que viveu um século mais tarde. A referência ao Misantropo é feita pelo próprio Timon no "Prospecto" que antecede o *Jornal*. É bem possível que a inspiração mais imediata tenha sido o visconde de Cormenin (Louis-Marie de La Haye, 1788-1868), que usara o pseudônimo em suas sátiras políticas contra o rei Luís Filipe. O visconde era conhecido no Brasil sobretudo por suas obras sobre direito administrativo.

Embora o Timon maranhense não levasse ao extremo do Timon ateniense o ódio ao próximo e à humanidade, ele não esconde o profundo pessimismo quanto aos costumes políticos de sua província, sobretudo quanto às práticas partidárias e eleitorais. Na verdade, seu pessimismo parece abranger as práticas eleitorais em geral, pois os primeiros folhetins do *Jornal* se dedicam a apontar mazelas eleitorais ao longo da história, desde os gregos até os norte-americanos. Ele não esconde sua opção: colocar a ênfase no mal. À objeção possível de que estaria demonstrando a universalidade do mal, portanto absolvendo de certo modo os maranhenses, responde que estes se salientavam por serem piores do que todos os outros. Entre outros povos, o lado negativo das práticas eleitorais era de algum modo contrabalançado por exemplos positivos em outros domínios da vida pública e social, enquanto o Maranhão nada apresentava de positivo, era puro mal. A visão de Timon sobre a natureza humana era decididamente pessimista. O ser humano, sobretudo o ser humano maranhense, era para ele um ser hobbesiano, governado por paixões, pela cobiça, pela avidez, pela ambição, pelo ódio, pela presunção.

Se recorrermos aos estilos de narrativa histórica expostos por Hayden White, com base nas categorias de Northrop Frye, será possível verificar que Timon era um anti-romântico, na medida em que em sua história o bem não tem condição de prevalecer sobre o mal. Sua visão não seria também trágica nem cômica, na medida em que estes dois estilos admitem soluções positivas para o drama humano. Restaria o estilo satírico, fundamentalmente pessimista quanto à capacidade humana de compreender o mundo e de superar as forças da morte. Timon poderia ser enquadrado no estilo satírico se identificássemos as forças do mal com as paixões humanas. Mas o enquadramento ainda não seria adequado,

INTRODUÇÃO

uma vez que o Timon maranhense acreditava na capacidade de reforma dos costumes pela ação do próprio homem. A reforma dos costumes políticos, a correção do mal são os objetivos expressos de seu esforço, embora duvide que um "espírito tímido e flutuante", de "carreira obscura", escondido num "obscuro e pequeno canto do mundo", pudesse atingir tão alto desígnio. Timon deve ser enquadrado no velho estilo dos reformadores moralistas.[4]

Timon era o desencanto de Lisboa. Em vários aspectos ele contradiz seu criador. Lisboa não revelava desgosto pela política, descrença nos homens, ódio aos partidos, rejeição do partidarismo, pretensão ao equilíbrio e ao debate exclusivo de princípios, sem ataques pessoais. Lisboa envolvia-se todo na política, ligava-se a lideranças liberais, era partidário, era bem-te-vi, era antiportuguês, atacava com virulência os inimigos cabanos. Pode ser comparado aos grandes jornalistas dos anos 30 e 40, sobretudo os liberais. Para citar os principais, na Corte pontificavam Evaristo da Veiga, Bernardo de Vasconcelos (em suas fases liberal e conservadora), Sales Torres Homem, Justiniano José da Rocha. No

----

[4] Para a análise dos estilos de narrativa histórica, veja Hayden White, *Meta-história: a imaginação histórica do século XIX*, introdução e capítulo 1.

JORNAL DE TIMON

interior de Minas, Teófilo Ottoni, em Pernambuco o padre Lopes Gama.[5] Numa fase em que a imprensa gozava de liberdade total, os jornalistas tiveram papel importante na pedagogia das práticas democráticas do governo representativo. O espetáculo apresentado pelas centenas de jornais e pasquins que surgiam a todo momento e desapareciam com a mesma velocidade nem sempre era edificante. A permissão do anonimato e a própria falta de educação cívica eram um convite à linguagem desabrida, a todo tipo de ataques e insultos pessoais. Até mesmo os melhores periodistas, os que defendiam idéias e princípios, como Lisboa e todos os citados acima, deixavam-se muitas vezes levar pelo calor da disputa e descambavam para a pasquinada. No entanto, mais do que a tribuna, a imprensa era o espaço que se abria para a implantação do germe de uma opinião pública, sobretudo nos centros urbanos mais desenvolvidos.

....

[5] Sobre Bernardo Pereira de Vasconcelos, ver Octávio Tarquínio de Sousa, *Bernardo Pereira de Vasconcelos e seu tempo*; sobre Justiniano José da Rocha e Sales Torres Homem, ver R. Magalhães Jr., *Três panfletários do Segundo Reinado*; sobre Teófilo Benedito Ottoni, sua própria *Circular dedicada aos senhores eleitores de senadores pela província de Minas Gerais*; sobre Lopes Gama, Amaro Quintas, *O padre Lopes Gama. Um analista político do século passado*.

20

Introdução

Os liberais do grupo, como Lopes Gama, Lisboa, Ottoni, Torres Homem, Evaristo, imbuídos de valores oriundos sobretudo da tradição anglo-saxônica e admiradores das instituições que encarnavam esses valores, viam-se em grande dificuldade para lidar com a realidade concreta do país, em boa parte infensa a esses valores e práticas. Instituições como a guarda nacional, o júri, os juízes de paz, da mais pura inspiração liberal, tornavam-se instrumentos de poder nas mãos das oligarquias locais ou dos representantes do governo central. O próprio sistema eleitoral, base do governo representativo, apresentava tais desvios na prática que podia abalar as adesões menos sólidas. Pela Constituição, o voto era obrigatório, não excluía os analfabetos e abrangia parcela substantiva da população. Ora, no Maranhão (o resto do país não diferia muito) mais de 80% dessa população era analfabeta e vivia sob o domínio dos senhores de terras e de escravos. Nas cidades maiores, como Rio de Janeiro, Salvador, Recife, já havia uma plebe urbana mais independente. Mas suas manifestações políticas na época eram freqüentemente explosivas e passavam por fora dos mecanismos normais da representação.

Quando o povo aparecia por conta própria na política, ele o fazia de maneira a assustar os próprios liberais. Revoltas como a dos Cabanos, a Cabanagem, a Balaiada, eram

JORNAL DE TIMON

vistas com desgosto por Evaristo, Ottoni, Lisboa. Para eles, eram manifestações da ralé, das fezes sociais, da patuléia. Lembravam a política dos vizinhos latino-americanos, símbolo da barbárie política. Durante a Balaiada, que Timon estranhamente não comenta em seu *Jornal*, Lisboa tomou posição clara em defesa da ordem, apesar de acusado de chefe oculto e agente intelectual do movimento. Os liberais bem-te-vis, Lisboa entre eles, criaram pela imprensa o ambiente favorável à revolta contra o presidente conservador. Mas, iniciada a rebelião, não se reconheciam em líderes como Raimundo Gomes, como o Balaio, e muito menos como o preto Cosme. Para Lisboa, eram as fezes da sociedade que se manifestavam na revolta, ameaçando abrir os diques à anarquia e mesmo à guerra de raças. Teófilo Ottoni, talvez o mais puro tipo de liberal da época, dizia que a democracia que buscava era a da classe média, a da "gravata lavada". E Vergueiro resumia o problema dos liberais dizendo que no Brasil a reforma política, isto é, o sistema representativo, caminhara à frente da reforma social.

Do descompasso entre o ideal e a realidade vinha o desencanto, a dúvida quanto à eficácia das eleições, vinha o desgosto final com a própria atividade política — vinha Timon. O desencanto de Timon não fala em favor da capacidade de compreensão sociológica da realidade por parte de

Lisboa. Neste ponto, outros, como Lopes Gama, lhe foram superiores. Mas ele teve a vantagem de gerar a denúncia crua de nossas mazelas, sem qualquer tentativa de amenizar-lhes os aspectos mais humilhantes. A política provincial é exposta em toda a sua mesquinhez e violência. Os partidos políticos são denunciados como simples reunião de famílias, ou de grupos, em luta por empregos e posições de prestígio. Formavam-se e desapareciam ao sabor do interesse dos chefes locais ou das mudanças na política nacional. As fraudes eleitorais são mostradas em todas as suas formas, incluindo a mais eficiente delas, o cacete. A descrição das eleições é primorosa e em nada fica a dever à de Francisco Belisário, que escreveu vinte anos mais tarde.[6] A Timon, como ao conservador Belisário, escandalizava particularmente a presença da patuléia, do "enxame de miseráveis" que brotava de todos os lados nos dias de eleições em busca de dinheiro, emprego, um par de sapatos, um chapéu, ou simplesmentes comida farta. Pessoas que nunca tinham posto sapato no pé desfilavam desajeitadamente pelas ruas de jaqueta, gravata, chapéu, botas e... cacete. Somando-se a estes

---

[6] Ver Francisco Belisário Soares de Souza, *O sistema eleitoral no Império*, em que se denunciam as fraudes e se defendem o fim da eleição indireta e a restrição do direito de voto.

JORNAL DE TIMON

gastos outros com o pagamento de jornais e estafetas, tinha-
se como resultado que o custo das eleições, já naqueles tempos remotos, subia a "somas fabulosas".

A ênfase na atuação dos presidentes de província, fruto
talvez da experiência de Lisboa como secretário de um deles, revela também os bastidores mesquinhos de um dos
pontos centrais da política imperial, a relação entre província e Corte. Timon revela o uso dos presidentes como instrumentos eleitorais do gabinete, cuja vitória deviam garantir, elegendo-se eles próprios, se possível, para a assembléia
geral ou para o Senado. Denuncia a profunda dependência
dos grupos dominantes locais em relação ao governo central. Incapazes de regular seus conflitos, aguardavam o arbitramento da Corte, a cujos delegados buscavam cortejar,
rompendo hostilidades apenas quando ficava óbvia a opção
do presidente pelo grupo adversário. É arguta e reveladora a
descrição do impacto da chegada ao porto de um navio com
o pavilhão imperial anunciando a possível presença a bordo
de novo presidente. A angústia do presidente em exercício,
a excitação da oposição, a curiosidade geral: o quadro é precioso como retrato da realidade política de uma província
de segunda ordem.

Na análise dos presidentes, Timon deixa aparecer uma
qualidade que vai muito além do reformismo moralista ou

24

INTRODUÇÃO

de uma simples "narração exata e imparcial" de cenas e pessoas. Combinando elementos da narrativa histórica com ingredientes ficcionais, Timon tenta penetrar no mundo dos sentimentos dos personagens, revelando, aqui sim, sintomas de uma influência inicial do romantismo. As angústias do presidente em relação a seu futuro, as dúvidas quanto ao apoio da Corte, as incertezas sobre a sorte de sua candidatura a deputado uma vez longe da província são raras contribuições para o entendimento do lado humano da política no império. Na mesma linha estão os retratos dos principais líderes provinciais onde, novamente, história e ficção se misturam. Com fina ironia, Timon ridiculariza as principais lideranças revelando suas fraquezas, as pequenas fraudes cometidas na construção de suas biografias, o peso do diploma e da riqueza, a importância do emprego público e do empenho. Ele o faz construindo antes tipos do que descrevendo este ou aquele líder em particular, pois tem a preocupação de não dar margem à maledicência típica de uma cidade pequena.

Menos felizes são as conclusões geradas pelo desencanto do liberal. Da verificação de um estado generalizado de desmoralização e corrupção de costumes, em que o crime já se banalizou, Timon conclui pela incapacidade de auto-reforma da população maranhense. Em tal sociedade, o im-

JORNAL DE TIMON

pulso para o bem deve vir de fora, mais precisamente do imperador. Como o primeiro dos males são os partidos "inúteis, estéreis e impotentes, quando não são positivamente nocivos ou perigosos", Timon prega simplesmente a suspensão temporária dos partidos e eleições no Maranhão e em todas as províncias que classifica como sendo de segunda e terceira ordem. Os presidentes deveriam ser apenas administradores diretamente supervisionados pelo imperador e não chefes políticos a serviço dos gabinetes. Tão longe não foi o conservador Francisco Belisário, que pedia apenas o voto direto com censo elevado para excluir do processo eleitoral a patuléia inconsciente.

O liberalismo de João Francisco Lisboa naufraga no moralismo de Timon. Os outros grandes jornalistas liberais seus contemporâneos, também perplexos diante do descompasso entre o ideal do governo representativo e as condições do país, ou se bandearam para o campo conservador, como Vasconcelos e Torres Homem, ou se adaptaram às condições concretas de luta, como Lopes Gama, ou temperaram o desencanto com uma adesão teimosa aos princípios políticos, como Teófilo Ottoni. Timon abandonou a arena e refugiou-se no estudo da história, onde recuperou algo de seu liberalismo ao combater, por exemplo, as idéias de Varnhagen sobre a escravização dos índios.

26

INTRODUÇÃO

Mas não devemos julgá-lo com rigor. Na lucidez de seu mau humor ele nos deixou importante contribuição ao conhecimento de nossas mazelas. Várias passagens de seu *Jornal* não parecem ter sido escritas há mais de 140 anos, tão atuais nos soam. Grandes gastos eleitorais, inclusive com dinheiro público; partidos personalistas, sem idéias e princípios; mudanças freqüentes de partido; campanhas baseadas em insultos pessoais visando a vida privada dos candidatos; fome de empregos públicos; troca de favores; corrupção generalizada; impunidade; lei do cada um por si (hoje dita de Gerson); desmoralização social (hoje chamada crise de valores), tudo isso soa penosamente familiar e atual. Se muitos ainda hoje desesperam da causa pública, não há por que sermos severos com Timon. Há que agradecer-lhe a lucidez e usá-la para temperar o mau humor com um pouco mais de tolerância e de pertinácia na busca dos ideais de Lisboa.

BIBLIOGRAFIA

EDIÇÕES COMPLETAS DO "JORNAL DE TIMON"
Obras de João Francisco Lisboa, natural do Maranhão, precedidas de uma notícia biográphica pelo dr. Antônio Henriques Leal. Edição e revisão de Luiz Carlos Pereira de Castro e do dr. A. Henriques Leal, São Luiz do Maranhão, Typ. de B. de Mattos, 4 vols., 1864-5.
Obras de João Francisco Lisboa, natural do Maranhão, precedidas de uma notícia biográphica pelo dr. Antônio Henriques Leal e seguidas de

JORNAL DE TIMON

uma apreciação crítica do illustre escriptor Theóphilo Braga. Edição e
revisão de Luiz Carlos Pereira de Castro e do dr. A. Henriques Leal,
Lisboa, Typ. Mattos Moreira & Pinheiro, 2 vols., 1901.

EDIÇÕES DE TRECHOS SELECIONADOS

João Francisco Lisboa, *Obras escolhidas*, prefácio e seleção de Octávio Tarquínio de Souza, Rio de Janeiro, América Ed., 2 vols., 1946.

João Francisco Lisboa, *Trechos escolhidos*, seleção e apresentação de João
Alexandre Barbosa, Rio de Janeiro, Agir, 1967.

João Francisco Lisboa, *Jornal de Timon e vida do padre Antônio Vieira*, introdução de Afrânio Coutinho, Rio de Janeiro, Edições de Ouro,
1968.

OUTRAS OBRAS CITADAS

Alencar, José de, *Diatribe contra a timonice do Jornal de Timon maranhense
acerca da História geral do Brasil do senhor Varnhagen*, Lisboa, Typ. de
José da Costa, 1859.

Janotti, Maria de Lourdes M., *João Francisco Lisboa: jornalista e historiador*,
São Paulo, Ática, 1977.

Leal, Antônio Henriques, *Pantheon Maranhense*, Lisboa, Imprensa Nacional, 4 vols., 1875.

Magalhães Jr., R., *Três panfletários do Segundo Reinado*, São Paulo, Cia.
Editora Nacional, 1956.

Ottoni, Teófilo Benedito, *Circular dedicada aos senhores eleitores de senadores pela província de Minas Gerais*, Rio de Janeiro, Tip. do Correio
Mercantil, 1860.

Quintas, Amaro, *O padre Lopes Gama. Um analista político do século passado*, Recife, Universidade Federal de Pernambuco, 1975.

Souza, Octávio Tarquínio de, *Bernardo Pereira de Vasconcelos e seu tempo*,
Rio de Janeiro, José Olympio, 1937.

INTRODUÇÃO

Souza, Francisco Belisário Soares de, *O sistema eleitoral no Império* (com apêndice contendo a legislação eleitoral no período 1821-89), Brasília, Senado Federal, 1979 (1ª ed. 1872).

Varnhagen, Francisco Adolfo de, visconde de Porto Seguro, *Os índios bravos e o senhor Lisboa, Timon 3º*, pelo autor da *História geral do Brasil*, Apostilla e nota G aos nº 11 e 12 do *Jornal de Timon*, contendo 26 cartas inéditas do jornalista e um extrato do folheto "Diatribe contra a timonice etc.", Lima, Na Imprensa Liberal, 1867.

White, Hayden, *Meta-história: a imaginação histórica do século XIX*, trad. de José Laurênio de Melo, São Paulo, Edusp, 1992.

SOTTER, Francisco Ribeiro. Souza, Paz. O texto íntegro do original com emenda concede... registrado durante no período 1421-676. Brasília: Senado Federal, II, 1990 (Fac-1879).

VARNHAGEN, Francisco. Adolfo de vista de da Porto Seguro. Os males brasileiros e outros... (notas). pelo minério da História geral do Brasil. Apontar e não tem n. 11 e 12 do Jornal do Tempo concedido. 26 texto inédito. 20 públicos com emenda do folhas da Biblioteca.

São Paulo: TBase do Integral, 1 de jul. 1467.

WÜRTE, Hyghene. Vista humana na integração Pública de edição XX. Traduzido por grupo de Melo. São Paulo: Ática, 1995.

Jornal de Timon

Jornal de Timon

Prospecto

Desde a origem do mundo, o bem e o mal, em luta incessante e permanente, pleiteiam o seu domínio. Sem dúvida, os dois princípios opostos, inerentes à natureza do homem, andam sempre com ele de companhia; mas segundo as resistências e obstáculos, o favor e indulgência que encontram, ora prepondera o mal, ora o bem, revelando-se sob aspectos diferentes, e sofrendo variadas modificações, conforme os tempos e os lugares, as sociedades em massa, ou os indivíduos isolados sobre que atuam.

A história do gênero humano é a confirmação plena desta verdade.

O obscuro canto do mundo que habitamos não podia escapar à sorte comum, e a época, que nos coube atravessar, é uma daquelas em que o mal tem decidida preponderância; não principalmente o mal terrível e atroz, o sangue, o

JORNAL DE TIMON

incêndio, as devastações e os extermínios, cuja narração enche tantas vezes as páginas mais grandiosas e formidáveis da história: sim o mal vil e desprezível, o lodo, a baixeza, a degradação, a corrupção, a imoralidade, toda a casta de vícios enfim, tormento inevitável dos ânimos generosos que os cegos caprichos do acaso designaram para espectadores destas cenas de opróbrio e de dor.

Timon, antes amigo contristado e abatido, do que inimigo cheio de fel e desbriamento, empreende pintar os costumes do seu tempo, encarando o mal sobretudo, e em primeiro lugar, se não exclusivamente, sem que nisso todavia lhe dê primazia, ou mostre gosto e preferência para a pintura do gênero. Ao contrário, faz uma simples compensação, porque o mal, nas apreciações da época, ou é esquecido, ou desfigurado; esquecido, quando para o louvor se inventa o bem que não existe, ou se exagera o pouco bem existente; desfigurado, quando para o vitupério se carregam as cores do mal, e ele se imputa e distribui com parcialidade e exclusão, sem escolha, crítica, ou justiça.

Timon enche a sua obscura carreira em um obscuro e pequeno canto do mundo; e apesar do pouco aviso e desacordo que devera ser o resultado do seu ódio pretendido ao gênero humano, ou pelo menos à geração presente, nem por isso ignora que não é para todos o dizer tudo, em todo

34

PROSPECTO

tempo e em todo lugar. A pintura dos costumes privados, que aliás demandaria um quadro vastíssimo, não entra como elemento principal no plano deste trabalho; e a razão é que numa cidade pequena, em que todos se conhecem, e todas as vidas são conhecidas, por mais que Timon se esmerasse em traçar cenas vagas e gerais, e apontasse com a intenção só à emenda e à correção, nem por isso a malevolência e sobretudo a ignorância e o mau gosto deixariam de nelas rastrear alusões mais ou menos claras e positivas a pessoas e ações determinadas. Assim, se não pela intenção própria, certamente pela malícia e prevenção alheia, um quadro geral se converteria numa difamação pessoal, e em vez de cenas públicas ter-se-ia a exposição do sagrado lar doméstico. Timon pois, prudente e acautelado quanto for possível, sem renunciar de todo a um assunto tão rico, e que de si mesmo está convidando à exploração, há de nada menos empregar toda sua atenção para evitar o perigo, e não cair em um dos vícios que mais pretende notar e repreender.

Mas o seu fim primário ficará sendo sempre a pintura de nossos costumes políticos; e como nesta terra a vida e atividade dos partidos se concentra principalmente nas eleições, transformado assim um simples meio em princípio e fim de todos os seus atos, as cenas eleitorais, descritas sob todas as suas relações e pontos de vista imagináveis, enche-

JORNAL DE TIMON

rão uma grande parte das páginas do jornal. A nossa própria
história, nessa parte, será precedida de uma breve notícia sobre os costumes eleitorais de alguns povos antigos e modernos;* o leitor há de encontrar nos ditos, rasgos, ações e personagens de Atenas, Esparta, e Roma, matéria para sisudas
reflexões, e picantes aplicações; e comparando uns e outros
tempos, vendo a pasmosa semelhança com que os fatos se
reproduzem, depois do intervalo de uns poucos de séculos,
talvez venha concluir que este velho mundo, na sua última
decrepitude, torna aos sestros e desmanchos da primeira infância e mocidade.

Quando do passado lançar a vista sobre o presente,
acostumado a ler diatribes apaixonadas e infiéis, encontrará
pelo menos o interesse da novidade em uma narração exata
e imparcial dessas cenas, ora animadas, tumultuosas, e pito-
rescas, ora frias, descoradas, e silenciosas como os túmulos,
e onde se desdobrarão sucessivamente às suas vistas o nasci-
mento e organização dos nossos partidos, a sua marcha, a
sua queda e dissolução, as exclusões, as depurações, as ligas,
as cisões, as lutas do governo e da oposição, os jornais, as
circulares, a correspondência privada, os clubes, as procis-

_____

* Esta "breve notícia" não será incluída nesta edição. (N. E.)

36

sões, os festins, as chapas, as listas, as urnas, as apurações, a falsificação em todos os seus graus, a calúnia e a injúria, a raiva e a violência, o tumulto e a desordem, as vias de fato, o cacete, a pedra, e ainda, se tanto é mister, o ferro e o fogo, rematando tudo pelas escolhas mais vergonhosas e deploráveis, se é que a coisa sofre o nome, e se *escolhas* se podem chamar o resultado de tantas infâmias, do puro acaso, e do capricho.

E como conseqüência destas paixões delirantes, destes ódios acesos e travados em peleja formal, a degradação de todos os caracteres, a cobiça desordenada, a avidez de distinções, a ambição de cargos elevados, o furto, o roubo, o estelionato, os assassinatos, as apostasias, as traições, a difamação erigida em sistema, a miséria real rebuçada por aparatosas ostentações, o horror ao trabalho e ao estudo, a ignorância, a presunção.

Esta é a vida ordinária (ninguém pasme), regular, ou normal, como se usa chamar agora; mas para suavizar-lhe a monotonia, e matizá-la, Timon há de achar amplos recursos em todo o gênero de opressões, nas demissões, nos processos, nos recrutamentos; virão depois as revoltas, as rebeliões, as guerras civis ou, melhor, sociais; as repressões sanguinolentas e inexoráveis, a impunidade, as anistias.

JORNAL DE TIMON

O estudo e exame da nossa vida política, ou antes, da vida dos nossos partidos pretendidos políticos, e o da sua influência sobre os costumes e a moral pública e privada já é de si um assunto tão vasto como elevado, e para o qual se requeria uma capacidade e experiência, e sobretudo um ócio e folga que o pobre Timon não tem à sua disposição; mas sem lisonjear-se de que há de desempenhar, não diz já cabalmente, mas ao menos de um modo tolerável, esta grande tarefa, ousa todavia arriscar a promessa de fazer algumas considerações acerca das diversas raças em que se divide a nossa população, sobre a sua condição, índole, costumes, sobre o seu passado, e o seu porvir enfim. Será talvez oportuno explorar então alguns pontos da história antiga e moderna deste povo, pequeno e obscuro sim, se o comparamos com tantos outros, porém o maior, e o mais celebrado que pode haver, para um grego nascido e criado nas históricas margens do soberbo Itapucuru.[1] Certas variedades, acomodadas ao espírito geral da publicação, e algumas curiosas notícias estatísticas, colhidas de documentos esparsos onde, sobre as dificuldades de se acharem, pouco desa-

---

[1] Esta parte do *Jornal*, referente à história do Maranhão, não será incluída nesta edição.

38

PROSPECTO

fiam a atenção, completarão o trabalho, e encherão os derradeiros números do *Jornal de Timon*.

O leitor perguntará agora naturalmente a que propósito este nome de Timon? Que sei eu? Esse nome, ilustrado
por um dos mais belos talentos da literatura moderna,[2] per-
tenceu na Antigüidade a um homem singular e estranho
que, azedado pela injustiça e ingratidão que com ele usaram
alguns dos seus contemporâneos, votou um ódio tão entra-
nhável ao gênero humano, e de [tal] maneira o reputava
entregue aos crimes e aos vícios, que se pagava mais do desprezo que da estima dos homens. Referem-se dele muitos
ditos, uns agudos e felizes, outros apenas saturados de fel e
ódio. Jantando certo dia, não com um amigo (que os não
tinha), mas com o único homem com quem fazia alguma
convivência, exclamou este: *Ó, que delicioso jantar!* "Certamente", acudiu Timon, "se tu não participasses dele." Alci-
bíades acabava de orar, e obtivera do povo a aprovação de
projetos favoráveis à sua ambição, porém nocivos ao Estado. Timon, que se esquivava a todo o mundo, adiantou-se
para ele, e tomando-lhe amorosamente as mãos — "Ânimo
(lhe diz), meu filho! Se continuas por este teor, breve arrui-

....

[2] Refere-se ao visconde de Cormenin (1788-1868).

JORNAL DE TIMON

narás a República". Em outra ocasião subiu à tribuna, e dirigindo-se ao povo que o escutava estupefato e silencioso, pelo desusado da cena: — "Atenienses (exclamou), possuo algumas braças de terreno, em que pretendo edificar. Há nele uma figueira em que alguns honrados cidadãos se têm enforcado; e como tenho de derribá-la, faço aviso aos que se quiserem utilizar dela para que se dêem pressa, e não percam um só instante".

Estes e outros rasgos valeram-lhe a aversão geral, e o sobrenome de Misantropo. Timon (observa Barthélemy, *Viagens de Anacarse Júnior*)[3] viveu em um tempo em que os costumes e as leis antigas lutavam com as paixões ligadas para destruí-los. Como se vê, *as épocas de transição* remontam à mais alta Antigüidade. São épocas em verdade perigosas para as nações; nos caracteres fracos, e amigos do repouso, as virtudes são indulgentes e se amoldam às circunstâncias; nos caracteres vigorosos, porém, redobram de energia, e se tornam às vezes odiosas por uma inflexível severidade. Timon era homem de engenho, amigo das letras não menos que da virtude; mas azedado pelo triunfo e preponderância

---

[3] Jean-Jacques Barthélemy (1716-95) escreveu *Viagem do jovem Anacarse à Grécia* (1788).

40

do crime e do vício, tornou-se tão rude de maneiras e linguagem, que alienou todos os espíritos. Alguns contendem ainda que, pelo seu zelo exagerado, perdeu ele a ocasião de contribuir para o bem; todos porém são acordes em que uma virtude ríspida e intratável ocasiona menos perigos que uma covarde e vil condescendência.

Os meus honrados colegas do jornalismo, e todos esses grandes publicistas que fatigam o céu e a terra para provar que esta em que estamos é a verdadeira época de transição, esses nos dirão se a Providência andaria bem ou mal se hoje suscitasse um novo Timon da verdadeira raça das fúrias, que com as pontas viperinas do azorrague vingador lacerasse sem piedade os crimes e os vícios que a desonram.

De mim o digo, que sem aspirar ao renome e glória do espirituoso Timon parisiense, pois me falece cabedal e engenho para poder, não já competir com ele, mas seguir de longe o seu rasto luminoso, espero ao menos não ser acusado da feroz misantropia do ateniense. Se os meus quadros forem argüidos de sombrios e carregados em demasia, irei buscar a sua justificação no próprio jornalismo contemporâneo, onde a cada passo deparo as pinturas mais tenebrosas e medonhas da depravação e opróbrio dos nossos tempos. Toda a diferença está em que o jornalismo político denuncia o mal acidentalmente, segundo as necessidades da ocasião, em ódio deste ou daquele partido, e de certas e determinadas pessoas, imputando cada qual e repreendendo nos outros o que nega, desculpa ou atenua em si; ao passo que Timon, alheio a todas as parcialidades, tão distante do ódio e da amizade como do temor e da esperança, toma por empresa e tenção particular sua fazer uma pintura sistemática, severa e imparcial.

Timon vai escrever sem pretensões de qualidade alguma, não um livro, mas um simples jornal, e ainda menos que isso um jornal de província de segunda ordem; e todo o seu empenho será expor com singeleza e lisura o que a observação e a experiência, ajudadas de alguns poucos e interrompidos estudos, lhe têm podido ensinar. Ninguém presuma pois que nestes escritos pretende inculcar profundeza, ou originalidade; a primeira destas qualidades só a possuem os gênios privilegiados; quanto à segunda, aspirar a ela, com forças tão minguadas, tanto monta como aspirar a uma quimera. O mundo conta mais de seis mil anos de idade, segundo uns, e outros há que lhe dão não menos de sessenta mil. Em qualquer destas duas extremas decrepitudes, já se não pode contestar a verdade daquela famosa sentença: — *Nihil sub sole novum.*[4] A única invenção hoje possível con-

---

[4] *Nihil sub sole novum*: nada de novo sob o sol. Frase tirada do *Eclesiastes*.

PROSPECTO

siste toda na felicidade e oportunidade da aplicação; e ainda isto mesmo não é dado a todos. Timon extrata e copia,
transformando e aplicando as cópias às coisas e aos homens
do seu tempo. Nada mais, nada menos.

Colherá ele, deste seu intento, os frutos que imagina, isto é, conseguirá a emenda de alguns abusos, e a correção do
mal, em parte ao menos? ou pelo contrário o exacerbará como, pelo inoportuno do remédio, tantas vezes acontece? O
tempo só poderá dizê-lo; quanto ao pobre escritor, amestrado e escarmentado em tantos exemplos de jactanciosa temeridade, espírito tímido e flutuante, não ousa esperar coisa
alguma com fé robusta nesta época de dúvidas e incertezas.

Quando menos, ou antes, quando muito, estas páginas
modestas e humildes serão como memórias do tempo presente, em que, mais tarde, algum esquadrinhador de anti-
guidades possa beber uma ou outra notícia com que instrua
ou deleite os seus contemporâneos.

Uma última palavra à feição de *post-scriptum*, para o
qual muita gente costuma guardar o mais importante da
missiva. Este pobre Timon, nosso contemporâneo, não possui eira nem beira, nem mesmo aquele confortável ramo de
figueira que o seu ilustrado homônimo, o Misantropo, fran-
queava com tanta generosidade aos cidadãos de Atenas co-
biçosos de dar o salto da eternidade. Fica pois entendido

43

que o seu jornal só poderá ser publicado, mediante o auxílio dos modernos atenienses,[5] que como é claro e notório ao mundo inteiro, tanto desbancam os antigos na graça, no espírito, na liberalidade, na munificência, e em todos os mais dotes que caracterizam um grande povo.

---

[5] *Modernos atenienses*: referência à população de São Luís, cidade que foi chamada de Atenas brasileira.

*Partidos e eleições
no Maranhão*

JORNAL DE TIMON

1

O presidente candidato — O festim de Baltasar — O tiro de
São Marcos — Bandeira imperial no tope grande — Há de ser
bispo — O derradeiro dia de um condenado — Testamento
presidencial — Reuniões, conversações, promessas e profissões
de fé — Posse do novo presidente — Artigos de jornais sobre
este grande acontecimento — O *Postilhão* e a *Trombeta* — A
despedida — Ternura policial.

Corria o ano de 184.., e esta heróica província gozava
então da honra talvez pouco apreciada de ser presidi-
da pelo excelentíssimo senhor doutor Anastácio Pedro de
Moura e Albuquerque.

Sua excelência, cuja administração remontava a pouco
mais de dez meses, havia encontrado os partidos em aparente e momentânea calmaria, uns, de fartos e descuidados nas

JORNAL DE TIMON

delícias da Cápua[6] eleitoral, e outros, de cansados e aborre-
cidos na sucessão das derrotas; mas como na época em que
começa esta narração a das eleições gerais[7] se avizinhava, já
os mesmos partidos começavam de agitar-se, traçando-se os
primeiros planos, e fazendo-se as disposições mais indispensáveis para a próxima campanha. Sua excelência não podia
ser estranho a um movimento tão natural aos países que se
governam pela forma representativa que felizmente nos rege;
e, como delegado fiel do gabinete,[8] consultava consigo mesmo, e na intimidade dos amigos dedicados da administração, todos os meios legítimos e honestos, com ajuda dos
quais não deixasse ficar mal, em uma conjuntura tão melindrosa, a política dominante, que era em verdade a única capaz de salvar o Estado. Ora, em uma época em que os princípios de desorganização se têm infiltrado por todos os poros
do corpo social, já é de simples intuição que o meio mais ób-
vio e eficaz de reabilitar o princípio decadente da autoridade
consiste em rodear os seus agentes do prestígio da confiança

....

| 6 *Cápua*: cidade romana tomada por Aníbal, considerada centro de
prazeres. Cápua eleitoral: a felicidade dos vencedores nas eleições.

| 7 *Eleições gerais*: o equivalente das eleições federais hoje.

| 8 *Gabinete*: conselho de ministros. O sistema de governo era parla-
mentarista.

48

PARTIDOS E ELEIÇÕES NO MARANHÃO

popular, revelada no voto espontâneo e sincero da urna; e como a alta posição de um presidente[9] não pode sofrer manifestações de somenos preço, a nenhum pensamento deixava de ocorrer a idéia da candidatura do excelentíssimo senhor Anastácio Pedro para deputado geral.

Sua excelência, porém, ou fossem recomendações do ministério, ou complicações resultantes das promessas e seguranças derramadas nas primeiras efusões de um imprudente e generoso desinteresse, sentia-se grandemente embaraçado, pois constava por uma parte que o governo não olhava de boa sombra para as candidaturas presidenciais, e, por outra, sua excelência, sem considerar que as virtudes particulares muitas vezes empecem os grandes interesses do Estado, e querendo, logo à sua chegada, captar os ânimos e amaciar as asperezas da situação, tinha asseverado a todo mundo *que nada pretendia da província, e todo o seu fito era corresponder à alta confiança de sua majestade o imperador, promovendo o melhoramento material e moral da população, e executando fielmente o programa eminentemente governamental da justiça, tolerância, brandura, moderação e conciliação, que tanto lhe fora recomendado.* Tarde conheceu ele que

_____

🐜| [9] *Presidente de província*: hoje, governador de estado.

49

JORNAL DE TIMON

assoalhando a oposição anárquica a escandalosa falsidade de
estar o governo em completa minoria na província, o único
desmentido capaz de salvar o crédito do mesmo governo, e
de consolidar a um tempo as instituições abaladas, era nem
mais nem menos a eleição do presidente; e daí as suas do-
lorosas hesitações. Entretanto, a grande maioria da província, sem ter conta alguma com elas, e atentando tampouco
para as dificuldades da sua posição melindrosa, tinha-lhe
significado, de um modo peremptório e sem admitir réplica,
que a sua eleição seria infalível.

Mas o dia da eleição ainda estava a alguns meses de
distância. E nestas circunstâncias, o ministério que de boa
ou má-fé recomendara a abstenção dos presidentes sofreria[10]
esta candidatura? A antiga malevolência de um dos ministros, até então dissimulada sob as aparências de uma fria
polidez, não aproveitaria agora o pretexto para desabafar à
sua custa? Algum candidato poderosamente patrocinado (e
na quadra eleitoral surdem[11] eles aos cardumes) não o su-
plantaria, obtendo a sua demissão, embora fosse nisso o
triunfo do nepotismo e o sacrifício dos públicos interesses

| [10] *Sofreria*: aceitaria, suportaria.

| [11] *Surdem*: surgem.

simbolizados na pessoa de um delegado tão hábil como leal e dedicado? Eis aí os pensamentos que acudiam de tropel à imaginação sobressaltada de sua excelência; e, infelizmente, mais de um exemplo do pouco aviso e inconstância ministerial vinha importunar a sua memória e justificar as suas tristes previsões. Em vão procurava ele consolar-se e distrair-se, já expendendo sábias e assisadas reflexões sobre umas certas incoerências e mal-avisadas condescendências, que tinham levado o país ao estado deplorável em que todos o viam, já demitindo e fazendo recrutar[12] os *desordeiros* (purgando assim a sociedade destas fezes perniciosas), já enfim montando uma polícia homogênea e ativa, e tomando todas as providências que o seu esclarecido zelo e os reclamos da opinião lhe ditavam como indispensáveis para o triunfo da boa causa e completo aniquilamento da facção.[13] Em vão; porque se ele procurava no descanso restaurar as forças e o corpo quebrantado pelas fadigas e inquietações do espírito, o seu sono atribulado era a cada instante interrompido, e sua excelência despertava em sobressalto, e banhada a fronte em gélido suor, ao ruído de um pretendido tiro de canhão,

---

[12] O recrutamento para o serviço militar na época era feito arbitrariamente.

[13] *Facção*: grupo político, em geral usado pejorativamente.

JORNAL DE TIMON

mensageiro importuno que lhe anunciava a chegada de um imaginário vapor. E nas salas esplêndidas de baile, ou no meio das alegrias dos banquetes que a inesgotável hospitalidade da província ainda não tinha cansado de oferecer ao seu digno administrador, quantas vezes não se surpreendia ele, pobre Baltasar[14] temporário e amovível, a ler no papel acetinado das paredes, traçados por uma mão proterva e invisível, os funestos e fantásticos caracteres que, dançando e fulgurando com magia infernal aos seus olhos e à sua alma atribulada, diziam a palavra fatal e abrasadora: DEMISSÃO!

Só quem observar de perto um presidente candidato no meio destas obsessões e das intrigas que para a sua queda se agitam na corte e na província, ao aproximar-se a terrível quadra eleitoral, poderá compreender a intensidade da longa agonia que o vexa e extenua, até ser coroada pela morte e demissão, ou por um triunfo renhidamente disputado, miserável compensação dos amargos dissabores curtidos, e das cruéis injúrias devoradas.

Do excelentíssimo senhor Anastácio Pedro acho até escrito em algumas memórias contemporâneas que ou ele

---

[14] *Baltasar*: refere-se ao filho de Nabucodonosor, rei da Babilônia. Enquanto banqueteava com amigos, teriam aparecido na parede palavras fatídicas que anunciavam sua desgraça próxima.

52

tivera avisos positivos dos danos que se lhe urdiam na corte,
ou, iluminado por aquela perspicácia que só um candidato
pode ter, descobrira nos horizontes anuviados sinais só para
ele manifestos da tempestade que se armava; mas como as
barcas de vapor se sucederam por algum tempo sem trazer-
lhe o funesto presente, já aguerrido contra os sustos, começava a respirar na demora, e a cobrar ânimo e esperanças,
tanto mais que os amigos da administração cada dia redo-
bravam de zelo, e se mostravam de mais em mais animados
do melhor espírito eleitoral.

Um dia contudo em que sua excelência escrevia ao seu
ministro predileto, narrando-lhe os serviços que estava pres-
tando, os trabalhos por que passava, as injúrias e calúnias de
que era alvo, e o como a sua candidatura, apesar de todas as
suas repugnâncias (pois até andava um pouco atravessado
com os principais cabalistas[15]), ia nada menos tomando
corpo, a ponto de ele recear deveras sofrer enfim a violência
moral da imposição, o que aliás desculpariam todos os que
fossem testemunhas dos excessos verdadeiramente incríveis
a que a oposição tinha chegado; um dia, digo eu, em que
sua excelência procurava por esta forma amaciar as coisas e

---

§ | [15] *Cabalistas:* cabos eleitorais.

JORNAL DE TIMON

salvar as dificuldades da sua árdua posição, soou repentina-
mente o tiro de São Marcos.[16] Posto que já ele se tivesse por
algumas vezes repetido, sem que todavia viesse alguma
catástrofe justificar os receios que alimentava o seu coração
pressago, nem por isso esse grande e generoso coração deixou de pular-lhe no largo peito, respondendo-lhe o pulso,
primeiro com cento e vinte pancadas em um minuto, e logo
depois com uma pausa considerável, e caindo-lhe por fim
dentre os dedos inteiriçados a pena que manejava com tanta
elegância. Os habituados do paço, que acertaram de achar-
se ali naquele momento, e a quem sua excelência, apesar da
grande privança e intimidade, por muitos motivos óbvios e
de alta política, nunca confiara o segredo dos seus terrores,
alvoroçados com as esperanças das boas medidas, e melhores despachos que aguardavam da corte, nenhuma fé deram
destes imperceptíveis sinais de sobressalto, nem do silêncio
e distração com que ele acolhia, já os agudos remoques
lançados aos pobres oposicionistas que iam ficar desapontados com as notícias, já as saudações e cumprimentos dos
mais camaradas que vinham chegando atraídos pelo sinal

_____

[16] *São Marcos*: fortaleza na entrada da baía do mesmo nome onde se
localizam a ilha e a cidade de São Luís.

54

PARTIDOS E ELEIÇÕES NO MARANHÃO

do vapor. Mal porém este assomou aquém das altas bar-
reiras de São Marcos, exclamaram todos a uma voz: — Bandeira imperial no tope grande! Ouvindo tal, sua excelência,
como tocado por alguma corrente elétrica, deu um pulo da
cadeira, arrancou o óculo da mão de um dos circunstantes,
e o assestou arrebatadamente contra o negro Leviatã que
vinha rasgando as ondas com tanta sobranceria e velocidade. Nada viu no primeiro momento; apenas os seus olhos
turvos e encandeados eram feridos por uma multidão de
pequenos globos furta-cores que dançavam na extremidade
oposta do instrumento. Agoniado com a obscuridade da sua
vista sempre tão clara, passou o lenço pela fronte alagada,
graduou o óculo, e, assestando-o de novo, viu então a bandeira, mas esta lhe pareceu primeiro encarnada, e logo após
negra como o fumo e o bojo do vapor; eis que sem muita
tardança um indiscreto raio de sol, iluminando a tela auriverde[17] naquele instante desferida por inteiro ao vento, lhe
tirou todas as dúvidas, fazendo-lhe efetivamente ver o pavilhão imperial. Sua excelência desabou então redondamente
e quase fulminado sobre um assento que lhe ficava próximo, e por mais que os amigos presentes porfiassem em

....

[17] *Tela auriverde*: bandeira nacional. Quando içada no topo de uma
embarcação, anuncia, no caso, novo presidente a bordo.

55

JORNAL DE TIMON

achar explicações animadoras, de que eles aliás precisavam
também para suster a própria coragem vacilante, não alcan-
çavam tirá-lo da espécie de torpor em que caíra. *Há de ser
bispo* — dizia um. *Ou então presidente do Pará* — acudia
outro. Enquanto assim conjeturavam tudo, menos a verdade que pressentiam, e não se atreviam a exprimir; e sua
excelência, apesar da sua exterior imobilidade, recordava em
um verdadeiro paroxismo de terror os avisos que da corte
lhe haviam escrito; o vapor, o infernal vapor, impassível
como uma máquina de ferro e madeira que era, sem fazer
conta de coisa alguma, avançava com incrível e quase acin-
tosa rapidez, pois desta feita dobrou a Ponta d'Areia em
pouco mais de meia hora depois do sinal.

Ei-lo, arriado o galhardete desta fortaleza, e enquanto se
prepara e sobe o outro, no pequeno círculo cortesão todas
as respirações ficam suspensas, e reina um silêncio mortal e
ansioso. *Presidente para o Maranhão!,* anunciou o fatal
telégrafo, e um *ah!* estúpido e sufocado ressoou de todos os
pontos. O presidente tudo via e ouvia, mas, no seu continente[18] pouco airoso, di-lo-iam apostado a desmentir a tão
preconizada doutrina das idéias por meio das sensações,

---

[18] *Continente*: semblante.

56

pois não dava outro sinal de existência além do seu olhar ora fixo, ora desvairado. O leitor compreenderá que estes cruéis momentos pareciam voar, e que os circunstantes, à exceção de um de quem colhi estas informações, atordoados por sua própria conta, tinham bem pouco vagar e lucidez para notar todas estas coisas.

Entretanto o vapor avançava, era mister prover ao desembarque, e sua excelência não se movia. O seu ajudante-de-ordens, moço vivo, inteligente e bem doutrinado em romances históricos, tinha seu conhecimento da famosa proclamação francesa — *Le roi est mort, vive le roi!*,[19] e ao demais não ignorava que a moderna civilização tem banido dos suplícios todas as crueldades inúteis. Fiel pois e reverente até à última hora para com um superior tão benévolo, assentou de desviar dos seus lábios aquele cálice de amargura, e tomou a si a responsabilidade de expedir as ordens convenientes para que marchasse a tropa a fazer as honras da recepção. A cidade já atroada com as salvas começou a sê-lo com os toques de chamada, com o tropel da tropa em marcha, e com o bulício universal da multidão que corria açodada à rampa e pau da bandeira para presenciar o de-

---

[19] *Le roi est mort, vive le roi*: o rei está morto, viva o rei!

JORNAL DE TIMON

sembarque, e toda a cena a que ele dá ocasião. Acudiam pretas, negros, moleques, estudantes, o grosso e miúdo comércio da praça vizinha, os militares avulsos, os empregados que suspendiam os trabalhos, os políticos interessados nas novidades, e até os possuidores de bilhetes de loteria que do mesmo lance iam saber do presidente e da sorte grande. No coice de toda esta desordenada multidão, chegava a tropa, quero dizer, um casco de batalhão de linha,[20] quatro pelotões de polícia, e a companhia da guarda[21] destacada, pouco marcial, é certo, no porte e no uniforme desbotado, mas animada sem dúvida do melhor espírito.

Muitos escritores e filósofos têm apurado o engenho para alcançar saber as agonias físicas e morais a que fica exposto um condenado ao avizinhar-se o momento do suplício. Ignoro se eles têm perfeitamente atingido o seu fim; mas do efeito que sobre o padecente devem produzir o som das cornetas, o bulício e os rumores da multidão, creio que se pode ter uma idéia aproximada pela comparação do que essas circunstâncias causam no presidente a quem uma demissão vem surpreender em flagrante delito de candidatura.

....

| [20] *Batalhão de linha*: tropa do exército.
| [21] *Companhia da guarda*: tropa da guarda nacional.

58

Porquanto o presidente sobrevive ao suplício, e bem pode, no interesse da ciência, fazer a exposição das suas impressões.

O vapor havia já fundeado, a tropa arrumara em alas, o ajudante-de-ordens se despachara para bordo com recados e cumprimentos que de fato ninguém lhe encomendara, mas que o profundo conhecimento dos seus deveres lhe sugerira, e só o excelentíssimo senhor Anastácio não aparecia. O público cá de fora, dividido em frações variadas de satisfeitos, desapontados, indiferentes e simples curiosos, bem podia imaginar a surpresa do interior do paço, nunca porém o imenso soçobro daqueles grandes corações, porque isso é coisa que só despede um lampejo fugaz, e logo se recata cuidadosamente de todas as vistas profanas e suspeitas. Tanto assim, que sua excelência, sacudindo por fim da alma e dos ombros aquele pesado torpor e o ligeiro paletó doméstico, revestiu do mesmo lance uma casaca decente e aquela altiva e generosa indiferença com que todos o viram atravessar a praça, descer a rampa, e embarcar em busca do seu ilustre sucessor. Apenas punham ambos o pé em terra que, ao ribombo da artilharia e ao som da música militar, se unia o estouro de dezenas de foguetes soltos de todos os ângulos da cidade pela nobre oposição, surpreendida também na verdade, porém com mais alegria, se me não engano, do que os seus contrários. O excelentíssimo Anastácio, cheio de

JORNAL DE TIMON

uma nobre sobranceria e surdo a tão mesquinhas demonstrações, vinha conversando com o seu honrado colega, o
excelentíssimo senhor Bernardo Bonifácio Montalvão de
Mascarenhas, mostrando nos desembaraçados ademanes,
na segurança do porte, e no sorriso que lhe enfeitava o semblante, a perfeita serenidade da sua alma e o pouco-caso que
fazia do sucesso.

Entram em palácio, e após eles, com precipitação, se
não atropelando-se, todos os que aspiram à honra do imediato conhecimento da nova excelência. Timon tem presen-
ciado algumas destas cenas, e visto mesmo certos homens,
não de todo faltos de mérito e gravidade, que, esquecendo-
se um pouco do que devem a si mesmos, atiram-se uns por
cima dos outros, sem lhes embaraçar a figura que fazem, até
que consigam lugar onde sejam mais visíveis, e onde, sem
perda de um momento, possam logo expor às luzes do novo
astro as suas comendas, os seus galões e o brilho das elevadas
posições que ocupam no grande mundo provincial. A oposição, porém, que chegara às últimas extremidades com a
excelência expirante, se conservava, salvo um ou outro
membro mais preeminente, pelos pátios, escadarias e salões
de entrada, reservando-se para o dia da posse ou para o
imediato, em que o novo administrador desse já os seus ares
de dono de casa.

60

Despejado o palácio da turba oficial e oficiosa, e recolhido o excelentíssimo senhor Bonifácio a um aposento mo-
biliado às pressas, a gozar alguns momentos de descanso,
pela primeira vez depois que se viu em estado de deliberar,
achou-se o excelentíssimo senhor Anastácio a sós, com a
meia dúzia dos seus amigos e confidentes mais dedicados!
Estiveram por alguns momentos sem poder dizer palavra,
abismados num eloqüente silêncio; mas para logo o inter-
romperam, proferindo sem precedências, sem nexo e a espaços, o que se vai agora ler.

— Dá-se por uma igual a esta?

— Como o patife olhava para mim com ar de escárnio
quando passei pelo portão!

— Quem diria que tal nos acontecesse quase em vésperas de eleição!

— A corja está pulando de contente!

— Dá-me até vontade de mandar por uma vez semelhante política ao diabo.

— Quem pode aturar um governo destes que sacrifica
tudo!

— E os nossos amigos da corte sem nos prevenirem de
coisa alguma!

— Como, se eles de nada souberam, pois nem o *Jornal*
publicou a nomeação!

61

JORNAL DE TIMON

— O homem mesmo soube dela quando a recebeu no Rio Grande do Norte.

— Nada de abandonar o homem um momento.

— Se a corja toma conta dele, tudo está perdido.

— Cumpre não desanimar, e vossa excelência antes de entregar o governo deve tomar todas as medidas indispensáveis à sustentação do partido.

— Seria bom demorar a posse dois ou três dias, para melhor se assentar em tudo.

— Vossa excelência devia entender-se já com ele a tal respeito.

E outras muitas observações por este teor e jeito, que, em obséquio à brevidade, Timon se vê obrigado a omitir.

César dizia, e depois dele Napoleão, seu copista a tantos respeitos, que nada estava feito quando ainda restava alguma coisa por fazer; e foi só naquele atribulado momento que o senhor Anastácio e os seus amigos compreenderam todo o alcance desta sentença aliás tão simples em aparência. Apesar do muito que tinham feito, estavam grandemente atrasados; pelo que cuidaram de dar ao mal todo o remédio que sofresse o aperto das circunstâncias. Sua excelência dirigiu-se imediatamente ao seu sucessor, e perguntou-lhe quando queria tomar posse, ao que o digno colega respondeu que estava inteiramente à sua disposição, como é de uso entre cavalheiros em casos tais. *Pois então seja no dia 17* (estavam a 14!). O excelentíssimo Bonifácio, dizem, fez um leve movimento de sobrancelhas, como quem achava escusada tamanha dilação, mas nada teve que objetar, atalhado por considerações de urbanidade e deferência pessoal, ou pelo precedente perfeitamente constitucional estabelecido em outras muitas províncias de se demorar a posse, às vezes até oito dias, como já aconteceu no Ceará, mesmo por concerto havido entre os dois colegas.

Acordado este ponto, torna sua excelência à roda dos amigos, e cuida-se deveras em meter mãos à obra. Na secretaria tinham apenas ficado dois oficiais mais moquencos[22] e experimentados em crises tais; mandaram-se vir mais alguns, e começou então aquilo a que a opinião maliciosa e desvairada tem chamado *testamentos presidenciais.*[23]

Dissolveram-se algumas legiões, batalhões e esquadrões da guarda nacional.

Criaram-se outros tantos em seu lugar, e mais alguns novos, atenta a grande população das respectivas localidades.

---

[22] *Moquencos:* manhosos.

[23] *Testamentos presidenciais:* atos do presidente antes de passar o cargo, em geral premiando amigos com empregos.

JORNAL DE TIMON

Nomearam-se os competentes chefes, comandantes e oficiais de estado-maior.

Demitiu-se um oficial de polícia, e deram-se algumas baixas.

Duas dúzias de nomeações e demissões na polícia civil para completar a sua organização.

Suspensão de uma câmara municipal.

Ordem para processar os membros de outra já suspensa.

Exclusão de certos vereadores da capital, e admissão de outros tantos suplentes, por meio de declarações de incompatibilidades.

Exclusão de sete juízes de paz,[24] presidentes das mesas eleitorais, por meio de idênticas declarações.

Uma porção de licenças a vários empregados da capital e juízes do interior, todos do partido do governo, por motivo de moléstia.

Contrato de compra de um pardieiro arruinado do cidadão Benigno Amado da Esperança para servir de cadeia, casa de câmara, júri *et cetera*, no seu importante município.

---

[24] *Juízes de paz*: juízes eleitos que julgavam pequenas causas e presidiam às mesas eleitorais.

Ordens ao tesouro provincial para pagamentos com preferência a vários credores, cujos títulos não eram muito líquidos, e tinham encontrado oposição no mesmo tesouro.

Mudanças de três comandantes de destacamentos.

As notas que tenho à vista ao escrever estas memórias só mencionam especificadamente as medidas supramencionadas, posto delas se deduza que mais algumas outras se tomaram de igual natureza. Estas mesmas, depois de apurado o trabalho no espaço de dois dias e meio, entrando também parte das noites (que bom recado se deram os empregadinhos, com o cheiro dos emolumentos), pareceram tais e tantas, que não esteve na mão de sua excelência deixar de arriscar algumas prudentes reflexões a tal respeito, ponderando que o novo presidente talvez fizesse reparo na pouca delicadeza com que uma administração expirante dispunha assim dos negócios, criando-lhe, sem dúvida, grandes embaraços para o futuro... Mas a isto acudiu o doutor Afrânio que se o reparo era natural nem por isso se podiam escusar as medidas, que todas tendiam ao bem do partido e da província, e que, da multiplicidade das patentes,[25] o menos que se colhia era o aumento das rendas do tesouro exausto.

---

[25] *Patentes*: postos da guarda nacional. O beneficiado pagava pela nomeação.

JORNAL DE TIMON

Além de que, para atenuar o reparo presumido, havia um meio que era antedatar as medidas de mais importância, feito o que, ele, doutor, queria ver por onde lhes haviam de pegar, e se o novo presidente teria que dizer.

Sua excelência quis ainda fazer objeções, mostrou alguma hesitação, mas afinal assinou tudo, as datas como as antedatas. Ignoro se, ao firmar estes insontes[26] documentos, foi o seu espírito salteado pela lembrança do art. 129 § 8º do Código Criminal;[27] Timon sabe porém que todos estes senhores têm conhecimento da sentença de Mirabeau — *La petite morale tue la grande*[28]—, e aplicam-na a seu jeito, desprezando vãos escrúpulos para salvarem o país, e habilitando-se nestes exercícios políticos para praticarem a máxima em mais larga escala, em todas as relações civis.

O novo presidente, que durante esta longa e vasta elaboração estava encerrado em palácio, atido a receber visitas e cumprimentos, algumas vezes acertou de surpreender os operários no mais afanoso de suas tarefas e conferências; mas como perfeito cortesão, e consumado estadista que era,

---

[26] *Insontes*: inocentes.

[27] *Artigo 129, § 8º do Código Criminal*: o parágrafo trata da falsificação de documentos públicos por funcionários do governo.

[28] *La petite morale tue la grande*: a moral miúda mata a grande moral.

sua excelência fazia vista grossa e ouvidos de mercador, sorria agradavelmente, deixava cair uma observação indiferente, e se esquivava discretamente, compreendendo bem que no seio da intimidade muitas coisas há que com serem inocentes não são para que se deixem penetrar por estranhos.

A este lugar pertence agora a narração de uma das cenas mais tocantes destes três memoráveis dias. Em ocasião em que acabava de assinar algumas das medidas de maior valia, o excelentíssimo Anastácio tomou à parte os seus amigos mais do peito, e depois de lhes fazer sentir o melhor que pôde o quanto se dedicara sempre aos interesses da província em geral, e do partido em particular, do que naquele mesmo momento lhes estava dando provas tão singulares, lembrou-lhes como apesar de tudo se recusara sempre a aceitar os testemunhos da estima e gratidão que tinham pretendido dar-lhe, porque não lhe sofria o ânimo que o voto livre e espontâneo do povo se tomasse como respeito do cargo, e deferência à sua posição. Que removido porém esse embaraço com a sua demissão, lhe falecia já todo motivo fundado para insistir em contrariar a vontade unânime de todas as pessoas gradas e honestas; bem longe disso, julgar-se-ia muito honrado com semelhante manifestação, e tanto mais penhorado quanto o inqualificável procedimento do

JORNAL DE TIMON

governo para com ele necessitava de um ato estrondoso de confiança que, contrastando-o, delisse o seu mau efeito.

Essa é boa! (exclamaram todos quase ao mesmo tempo), nem era mister que vossa excelência nos falasse em seme-lhante coisa, no que até de algum modo ofende o melindre da nossa amizade e reconhecimento. E acrescentaram, espe-cialmente o doutor Afrânio, e o coronel Santiago, que fi-casse sua excelência descansado; que eles tomavam o negó-cio à sua conta, e pretendiam dar uma lição ao ministério; que a questão já era de capricho e com a província, com quem se não devia zombar impunemente. A isto replicou sua excelência que nunca foi sua intenção ofender as susce-tibilidades de suas senhorias, duvidando da sua constância e afeição em tal conjetura, senão manifestar-lhes que, mu-dando as circunstâncias, cessava toda a oposição da sua parte, e que até ele próprio se acusaria de ingrato e pouco delicado, se teimasse em rejeitar uma honra que em nada deslustrava já agora o seu caráter, quando tantos outros a cobiçavam com quebra do seu. E continuaram assim por algum tempo nestas suaves efusões de sentimento, cho-vendo as portarias e patentes assinadas de uma parte, e os mais calorosos protestos de firmeza e adesão da outra.

O que mais disseram e fizeram naquela ocasião deixa Timon à perspicácia, e sobretudo à grande experiência do

PARTIDOS E ELEIÇÕES NO MARANHÃO

benigno leitor, amestrado sem dúvida em todos estes meneios da política provincial, para que o imagine e aprecie
como lhe parecer; pois a sua atenção já está sendo solicitada
pelo que se passou no clube ou chá da oposição, em casa do
major Olivério, logo ao anoitecer do dia do desembarque.

Reuniram-se ali o coronel Pantaleão, os doutores Bavio e
Mevio, redatores da *Trombeta*, alguns deputados provinciais,
três ou quatro *influentes* do interior que se achavam na capital,
e mais uns vinte dos mais acérrimos partidistas; e, à proporção
que iam entrando, começavam logo a praticar sobre o grande
assunto do dia pouco mais ou menos pelo teor seguinte:

— Os patifes não contavam com esta pela proa.

— O tal Anastácio ficou mesmo com cara de asno.

— Quero ver agora no que dá a sua grande candidatura
espontânea e livre!

— Se vocês vissem como ele enfiou[29] quando deu com
os olhos em mim no portão!

— Nunca me ri tanto em dias de minha vida.

— O Afrânio comeu-se de raiva por ver o novo presidente conversar comigo com tanta atenção na sala grande.
Parecia que me queria engolir com os olhos.

---

[29] *Enfiou*: empalideceu.

69

JORNAL DE TIMON

— Ah bandalho, que nem sempre darás as cartas!

— Tudo isso está muito bom, mas o caso é que eles estão rodeando o presidente, e as intriguinhas e mentiras do costume hão de estar trabalhando. Todos nós devemos procurá-lo, e já amanhã.

— É verdade; o nosso partido sempre tem sofrido porque não cerca o presidente como eles.

— Ninguém falte à posse do homem.

— Cumpre avisar toda a nossa gente.

— Você, que é da câmara, deve recitar um discurso análogo,[30] desmascarando toda esta corja: — eu lho arranjarei. — (Este amigo certamente não contava com a declaração de incompatibilidade que se havia de lavrar na manhã seguinte.)

— Doutor, você por que não apressa agora o seu baile para convidá-lo?

— Deixem estar que eu tenho de dar um jantar no dia dos meus anos, e nos havemos todos de reunir.

— Eu também pretendo agora dar um baile no batizado da minha pequena.

— O doutor deve quanto antes fazer um artigo bemfeito, elogiando o homem, e prevenindo-o acerca dos ma-

....

🐾 | [30] *Análogo*: apropriado.

70

PARTIDOS E ELEIÇÕES NO MARANHÃO

nejos da facção, logo que chega um presidente novo. Cante-
lhe a ladainha bonito e asseado.

— Não se esqueça de me escovar bem o bestalhão do
Anastácio.

— Agora que as coisas mudaram, e sem nós o esperar-
mos, é preciso expedirmos próprios[31] para todos os pontos,
animando os nossos amigos a se organizarem para a próxima campanha.

— Está bem livre que eles já não tenham cuidado nisso.

— E que carapetões não estarão impingindo, para não
desalentar a pandilha![32] Esta gente não dorme.

Não é possível a Timon acompanhar esta boa gente em
toda a sua conversa; o que se acaba de reproduzir dará idéia
do mais que deixo no tinteiro. Baste dizer-se que saborea-
ram o chá e os bolinhos com delícias há muito não experi-
mentadas, e saíram do conclave ruminando voluptuosa-
mente mil planos de vitória e de ventura.

E no dia seguinte foram todos pontuais ao *rendez-vous*
palaciano, se bem algum tanto contrariados por se verem
precedidos dos partidistas da transata,[33] que já ali se acha-

---

[31] *Próprios*: mensageiros.

[32] *Pandilha*: quadrilha.

[33] *Transata*: passada (administração).

JORNAL DE TIMON

vam, e pareciam madrugar em tudo, além de terem suas entradas francas pelo interior, pois o excelentíssimo Anastácio, fosse cortesia ou manha, quis por força fazer ao colega as honras da hospedagem até o dia da posse. Posto que uns aos outros se estorvassem, aproveitavam todavia a menor aberta para impingir cada um ao presidente a história do seu partido, da sua posição e pretensões pessoais, e sobretudo a das perversidades inauditas do lado contrário. Os redatores da *Trombeta*, órgão oposicionista, e do *Postilhão*, defensor da presidência, ofereceram ao excelentíssimo senhor Bernardo Bonifácio o apoio das suas penas. Sua excelência, ora risonho, ora sério, ora afável, ora mais grave, mas sempre rebuçado e retraído, respondia a todos com as trivialidades do costume, sem lhe escapar que a sua missão era toda de paz, que tinha unicamente por fim executar imparcialmente as leis, distribuir justiça a todos, promover os melhoramentos materiais e morais da província, consolidando por essa forma a ordem e mantendo a segurança individual e de propriedade; e que por muito feliz se daria se conseguisse deixar congraçada a grande família maranhense, como tão positivamente lhe havia recomendado sua majestade o imperador quando lhe confiara uma empresa tão árdua para suas débeis forças. Então cada um e todos lhe tornavam que neles encontraria sua excelência a melhor vontade para coadjuvá-lo na realização de idéias tão ajustadas, e no desempenho da missão que lhe confiara o nosso magnânimo monarca.

Chegou o dia da posse: o ato efetuou-se com os aparatos do costume, e tudo se passou como estava previsto, salvo que o vereador Anselmo não pôde recitar o seu discurso, pois quando se apresentou a tomar assento lhe foi intimada a fatal declaração de incompatibilidade, que o leitor já conhece. A indignação do ilustre membro, e das pessoas honestas e sensatas de todos os partidos, não podia certo ser maior e mais justa, porém fez pouco efeito, e ficou como apagada e absorvida no interesse da cena principal: todos tinham os olhos cravados no excelentíssimo Bernardo Bonifácio Montalvão de Mascarenhas, e enquanto o secretário da ilustríssima[34] gaguejava e engrolava as duas cartas imperiais, e lavrava o auto de juramento e posse, fazia cada um as suas observações, e dizia as suas pilhérias, acerca da figura do novo presidente e dos risinhos amarelos do seu antecessor, que, malgrado toda sua afetada serenidade, não pôde suster um gesto de despeito e impaciência, quando o secretário proferiu, lendo, as seguintes palavras: "Hei por

---

[34] *Ilustríssima*: título que se dava às câmaras municipais.

JORNAL DE TIMON

bem conceder-lhe a demissão *que pediu, et cetera*". Os espectadores que deram fé do trejeito trocaram olhares de maliciosa inteligência, e até o próprio doutor Afrânio, dizem, não foi estranho a este movimento quase universal.

A maior parte da população da capital teve ocasião de admirar naquele ato, e em muitos outros subseqüentes, as feições e maneiras de sua excelência, mas como a do interior não teve a mesma honra, e não é de resto decoroso privar a posteridade de notícias de tanta conseqüência, Timon assentou de as consignar aqui, ajudado das informações dos contemporâneos, pois ele nesse tempo andava ausente, e viajando pela Europa.

O excelentíssimo senhor Bernardo Bonifácio nasceu em um território que fica nos confins das três províncias de Pernambuco, Bahia e Minas, e gozando da inapreciável vantagem de uma equívoca e tríplice naturalidade, dizem que mais de uma vez tirara proveito desta circunstância. No Maranhão assoalhava ele que era mineiro, precavendo-se de umas tais antipatias contra os baianos de que lhe diziam a população contaminada, as quais contudo tinham menos de reais que de especulativas, e não passavam de meros expedientes de partidos. Quanto a sua pessoa, era sujeito de alta estatura, magro, pálido como um defunto, zambro[35] e zarolho. Quando ria, deixava ver uma formidável porém malguarnecida dentuça, porque os mais dos dentes só brilhavam pela sua ausência. As feições eram grossas, e a cor trigueira, mais do que podia comportar uma razoável indulgência, desafiava certos reparos indiscretos, no meio dos quais murmurava-se em voz baixa o termo *casta*.[36] Porém a opinião mais cordata e dominante era que se sua excelência alguma hora tivera semelhante defeito, ele fora gradualmente desbotando com a idade, a ponto de se achar quase apagado. Os oficiais da secretaria asseguravam que a sua boca exalava um hálito pouco congruente: supunha-se ser moléstia interior, porque em pontos de asseio se esmerava ele quanto lhe era possível. Muito tempo depois o seu médico assistente me informou que o homem tinha na perna direita uma chaga antiga e incurável, e era de mais a mais sujeito a certas cólicas nervosas de um caráter tão violento, que nos paroxismos da dor sua excelência se arrojava ao chão, espojando-se e dando urros como um réprobo. Durante esses ataques (acrescentava o médico) é que choviam com mais profusão as demissões, as ordens para recrutamento, e todas

_____

[35] *Zambro*: de pernas tortas.

[36] *Casta*: situação social considerada inferior por preconceitos racistas.

JORNAL DE TIMON

essas medidas violentas que mais tarde tamanha nomeada deram à sua administração.

Alguns dos meus piores leitores suscitarão dúvidas talvez sobre a exatidão deste retrato, julgando que estou a pintar de fantasia um monstro verdadeiramente horaciano, composto todo de traços diversos e heterogêneos. Mas eu tenho por mim não só o testemunho universal de uma grande cidade, senão também a autoridade fidedigna do porteiro do tesouro e do almoxarife do hospital, a quem, prevendo já estas dúvidas, fui consultar, na sua qualidade de testemunhas oculares, pois sei que, como empregados ou pretendentes que eram, assistiram a diversos atos a que sua excelência também era presente. E ambos estes homens tão singularmente favorecidos da natureza me fizeram ver com argumentos palpáveis, eloqüentes e sem réplica que tudo quanto se me havia informado era não só a pura verdade, senão muito verossímil e possível. Quem ao demais se não lembra ainda dos apodos e chocarrices de que era objeto a magreira extrema de sua excelência? Já quanto aos nomes, quer de Anastácio, quer de Bonifácio, não sei que sejam mais mal soantes que os de Jerônimo, Venâncio, Herculano, Vicente, ou Bibiano, e tantos outros que andam esculpidos nas tábuas da história, e nem o mais asqueroso ceticismo ousará pôr em dúvida.

Mas qualquer que fosse o físico ou a matéria propriamente dita, o excelentíssimo Bernardo Bonifácio tinha umas maneiras tão francas e afáveis com seus assomos de reserva e gravidade ao mesmo tempo, uns ademanes tão desafetados, e nada menos tão compostos, um falar tão culto, natural e fácil, um andar tão firme e seguro, não obstante o arqueado das pernas, um termo enfim tão senhoril em toda sua pessoa, que acareava[37] sem detença as simpatias e o respeito de quantos o comunicavam. Ainda hoje ouço dizer a algumas moças que ele não era bonito, sim, mas muito dado, e muito engraçado. E não há nisto grande maravilha, pois é sabido como as influências benfazejas do clima da corte têm transformado e domesticado tantas outras vegetações muito mais agrestes. Pelo que toca ao seu caráter, talento, instrução, e mais partes, deixarei que falem por mim as suas obras, e os periódicos das diversas parcialidades que logo na manhã imediata à posse deram sinal de si pelo teor seguinte:

Artigo da *Trombeta*

No dia 14 do corrente entrou neste porto o vapor *São Sebastião* trazendo a seu bordo o excelentíssimo senhor Bernardo Bonifácio Montalvão de Mascarenhas, presidente nomeado para esta até então infeliz pro-

---

[37] *Acareava*: granjeava.

víncia. Pintar a satisfação e júbilo dos maranhenses, que viviam debaixo do jugo mais pesado e aviltante, seria um impossível: o prazer raiou em todos os semblantes mal foi anunciada tão alegre nova; os amigos se abraçavam e davam recíprocos parabéns; uma imensidade de foguetes fendia os ares; tudo enfim demonstrava o regozijo público, ao passo que o déspota e seus infames conselheiros, pilhados por assim dizer com a boca na botija, pois se contavam muito seguros no poleiro, ficaram cobertos de confusão e de raiva, vendo-se despojados do mando e conhecendo quanto detestados eram por este povo digno de melhor sorte. Tenham paciência, senhores da pandilha *cangambá: sic transit gloria mundi!*[38]

Ontem tomou sua excelência posse do alto cargo para que foi nomeado, com as formalidades do estilo, e podemos asseverar a nossos leitores que nunca vimos um concurso tão luzido e numeroso como o que teve lugar neste ato, tal era a ansiedade da população em conhecer o novo delegado, nesta província, do governo imperial, que vinha libertá-la da mais insuportável tirania que ela tem sofrido.

Foi possuído da maior indignação que o público por ocasião deste ato soube que o senhor Anastácio Pedro durante os três dias que adrede demorou a posse tomou muitas e importantes medidas, dispondo dos dinheiros dos cofres públicos a favor dos afilhados da

---

[38] *Sic transit gloria mundi*: assim passa a glória do mundo.

facção, fazendo nomeações e demissões às dúzias, e novas contradanças policiais, legando destarte fortes embaraços ao seu sucessor. É necessária muita imprudência, muita audácia, muito desrespeito à lei para proceder-se de semelhante modo! Nós ainda ignoramos os pormenores dessas medidas, mas logo que sejamos inteirados as denunciaremos à opinião pública; consta-nos porém que houve uma verdadeira diarréia de patentes para a guarda nacional. Cumpria que o senhor Anastácio acabasse como tinha principiado!

Que dizeis a isto, senhores ministros? Eram ou não bem fundadas as queixas que por tanto tempo vos dirigiu debalde a *Trombeta*? Eis o próprio senhor Anastácio comprovando por este seu último e in-

qualificável procedimento tudo quanto a seu respeito tínhamos avançado!

Felizmente o governo se lembrou de pôr termo a nossos males com a acertada escolha do excelentíssimo senhor doutor Mascarenhas, pessoa digna a todos os respeitos, que conhecemos de perto, e cujo caráter firme tivemos ocasião de apreciar na melindrosa crise por que há pouco passou a província das Alagoas.

Sua excelência não é homem novo e desconhecido, o modo como desempenhou o lugar de chefe de polícia naquela província e sua última presidência no Rio Grande do Norte lhe conquistaram créditos de magistrado reto e inteligente, e de hábil administrador.

Consta-nos que sua excelência vem animado das melhores

intenções de cicatrizar as chagas que nos deixou a tresloucada administração que ora finda, moralizando a polícia, disciplinando o exército, e opondo eficaz barreira ao cancro de desperdícios que nos acarretava[39] por sobre um abismo de misérias financeiras, e que em todas as suas medidas pretende guiar-se pelas normas da mais rigorosa justiça, sem atenção a partidos. Um ato já apresentou sua excelência que bem mostra suas vistas humanitárias, e despidas da impostura e orgulho que jamais abandonavam seu antecessor. Um anúncio existia do senhor Albuquerque, que já em outra ocasião tivemos de analisar, marcando suas audiências para as três e meia horas da tarde! Sua excelência talvez se persuadisse que os maranhenses não tinham mais que fazer do que andar em contínuos pagodes e suciatas,[40] e por isso lhes era indiferente qualquer hora ainda para os negócios mais sérios. Porém o excelentíssimo senhor Mascarenhas, que pensa de outro modo, revogando este parto de loucura, que num clima tão ardente era um verdadeiro epigrama à calma e afogueamento do público, declarou por outro anúncio que dava audiência a todo e qualquer momento que fosse procurado pelas partes; e nós temos a satisfação de acrescentar que sua excelência logo às três horas da madrugada está de pé, e pron-

---

🐚 | [39] *Acarretava*: transportava.

🐚 | [40] *Suciatas*: pândegas.

to a cuidar dos interesses públicos, e dos cidadãos confiados ao seu zelo.

É por este modo que procede um governo que cura dos seus deveres, e conhece a alta missão que lhe foi confiada, e não entretendo-se em mesquinhas intrigas, pequeninas vinganças, e trampolinas de partido, como soía acontecer até agora.

Concluímos oferecendo a sua excelência o apoio de nossa débil pessoa para a sustentação de seus atos, pois convencidos estamos que eles serão ditados pelo amor da justiça, e a bem da prosperidade desta bela província, a quem certamente o governo imperial não podia enviar um administrador mais capaz de reparar seus males, na crítica situação a que tinha-a levado essa série de inqualificáveis desatinos!

Artigo do *Postilhão*

No dia 14 do corrente mês fundeou neste porto, vindo do Sul, o vapor *São Sebastião*, trazendo a seu bordo o excelentíssimo senhor doutor Bernardo Bonifácio Montalvão de Mascarenhas, presidente nomeado para esta província. Sua excelência o senhor Moura e Albuquerque, que há meses instava por sua demissão, desgostoso com a infame guerra que lhe faziam os díscolos da oposição, mal teve notícia pelo telégrafo de que nele vinha seu ilustre sucessor, apressou-se a dar as convenientes ordens para se lhe fazerem as honras devidas em seu desembarque, o que teve lugar pouco depois, indo sua excelência buscá-lo a bordo na galeota do governo.

Quando assim tudo se passava com toda a decência, e na

melhor ordem, a nossa *patrió-tica* oposição não quis perder mais este ensejo de nos dar uma prova dos seus belos sentimentos, e como que por acinte ao excelentíssimo senhor Moura e Albuquerque, fez soltar alguns foguetes no largo de Palácio, e outros pontos da capital. Um tal procedimento só conseguiu atrair sobre seus autores o desprezo e indignação da gente sã, e consta-nos que muito severamente o estigmatizara o excelentíssimo senhor doutor Mascarenhas. Conheça sua excelência à vista deste fato a moralidade e o espírito de ordem desta gente, que não recuaram para satisfazer seus baixos ressentimentos ante um procedimento tão ridículo. Cesteiro que faz um cesto faz um cento.

Ontem 17 tomou posse de seu eminente cargo o novo administrador, no meio de numeroso concurso de cidadãos de todas as ordens, e com todas as honras que soem fazer-se em casos tais.

No intervalo que mediou entre a chegada e posse, seu ilustre antecessor tomou várias medidas que lhe comunicou, e que eram como que o complemento de sua administração, e acompanha-nos a satisfação de anunciar que, segundo nos consta, mereceram elas a aprovação do excelentíssimo senhor Mascarenhas.

Sua excelência, de posse das rédeas do governo, procura pôr-se ao fato de todas as circunstâncias da província, a fim de nada obrar sem o mais perfeito conhecimento de causa; e pois, nada alterará na marcha administrativa de seu digno antecessor, senão depois que a experiência lhe tiver feito ver a conveniência de um tal proceder.

A prudência e sisudez de semelhante resolução certo que é digna do tino político de sua excelência, já provado em outras administrações; e proceda sempre sua excelência por igual modo, e terá não só o nosso fraco apoio, mas o de todas as pessoas honestas e sensatas da província.

E que dirão os senhores morossocas quando souberem de tais disposições em que se acha sua excelência? Ah, talvez seu prazer se converta em mágoas! Mas cumpre ser muito míope, e estar muito desatinado, muito cego pela ambição, para supor que um homem de tanto tino e experiência como o excelentíssimo senhor Mascare-

nhas viesse de bom grado hostilizar a grande maioria da província, para fazer o gostinho a meia dúzia de indivíduos sem influência alguma e que só sabem celebrizar-se por sua imoralidade, por sua ambição de mando, por seu frenesi e raiva contra todos os homens de mérito que não pertencem à sua roda, e cujo único crime é ter sabido merecer as simpatias da província.

Dos seus dignos aliados, do grupinho dos bacuraus nem nos dignaremos de falar. Coitados! São dignos de compaixão! Eles só se movem ao aceno de seus amos, a cujas plantas foram submissamente prostrar-se, despeitados por não terem entre nós a influência que almejavam, e de que eram indignos pela sua inépcia, falta de caráter, e desmarcado orgulho.

O excelentíssimo senhor Mascarenhas há de ir pouco e pouco conhecendo esta boa gente, e então a experiência lhe fará ver se o seu digno antecessor teve ou não razão para seguir a marcha administrativa pela qual eles tanto o cobriram de injúrias e sarcasmos. Temos fé que muito tempo se não passará sem que sua excelência seja o alvo dos doestos dessa facçãozinha muito ridícula, muito impotente, mas muito pretensiosa que há anos a esta parte ataca a todos os governos porque nenhum lhe tem querido matar a fome, única e verdadeira causa de tanta gritaria. Até ver não é tarde...

Cabe-nos agora o dever de, em nome do grande partido a que nos honramos de pertencer, e da província inteira, agradecer ao excelentíssimo senhor Moura e Albuquerque o bem que sempre a administrou, tendo sempre por norma de suas ações a justiça e a moderação, apesar de tão violentamente agredido. Os maranhenses sempre recordarão com saudade e reconhecimento os benefícios que lhes legou sua sábia administração, assim como as suas estimáveis qualidades; e a dor que os acompanha no momento de se verem privados de tão distinto e probo administrador só pode ser minorada pela aquisição do ilustre sucessor, com que sua majestade imperial houve por bem mimosear-nos.

Timon já está receando que alguém o acuse de tomar o tempo aos seus leitores, com frioleiras e trivialidades, mas a verdade histórica não exige menos; e quantos têm alguma experiência das nossas coisas sabem que nada invento ou altero, antes levo o escrúpulo e o amor da verdade a tão alto ponto, que extratando os jornais do tempo, conservo fielmente não só as idéias, senão o estilo e a frase. De resto, a política nas províncias cifra-se toda nestas mesmas supostas frioleiras e trivialidades, nas intrigas, nos insultos ao poder que cai, nas adulações ao poder que se ergue, no ciúme recíproco dos turiferários, na banalidade das declamações, e na cópia servil e ridícula das fórmulas políticas, inventadas para outros debates e outras arenas. Mas nem porque o nosso teatro seja mais acanhado e obscuro, e os nossos atores e combatentes mais desazados e bisonhos, nem por isso, digo, as paixões que nele se arrostam são menos ardentes e furiosas, e deixam de produzir resultados menos nocivos e deploráveis.

Por outra parte, por mínimas e vulgares que sejam as circunstâncias e palavras referidas, como elas, além da sua veracidade histórica, prendam-se ao fim e começo das presidências, e estas pesem ordinariamente de um modo tão funesto nos destinos das províncias; não há aí que repreender na minuciosidade com que Timon desce a tudo, porquanto dessas tenuidades e bagatelas vereis porventura abrolhar mais tarde coisas mais sérias e tristes. Em suma, a moralidade de toda esta minha apologia está na seguinte verdade, e vem a ser que a política provincial, por mais que a envernizem, trajem e enfeitem à feição da política da corte, ou do estrangeiro, é afetada, mesquinha, insignificante e até ridícula (se é que devemos chamar as coisas pelo seu nome verdadeiro), e não há aí descrevê-la de outro modo.

Se implorei a indulgência do leitor, não foi só para o que já ficou escrito, senão para todos os mais episódios da magnífica epopéia provincial, que a necessidade me força a desdobrar diante de seus graciosos olhos. A cronologia pede que se sigam as respostas que deram um ao outro os dois principais órgãos dos cangambás e morossocas: ei-las.

Artigo da *Trombeta*

Chamamos a atenção dos nossos leitores para o artigo publicado no *Postilhão* de 18 do corrente. Está um petisco verdadeiramente apreciável! O órgão da administração decaída quer fazer persuadir aos peixinhos que o seu digno amo tinha há muito pedido a sua demissão, desgostoso (coitadinho) com a oposição anarquista dos morossocas! À fé que cabe-nos aqui o aplicar-

mo-lhes o *risum teneatis*![41] Oh! Se o senhor Anastácio tinha pedido a sua demissão, e contava com ela, para que guardar tamanho segredo a respeito, a ponto de que nunca os seus jornais e as pessoas do seu círculo boquejaram em tal matéria? O que significava então a sua candidatura (hoje gorada, não é assim, senhores cangambás?).

---

[41] *Risum teneatis?*: contereis o riso?. Hoje: não é uma piada?

PARTIDOS E ELEIÇÕES NO MARANHÃO

Para que tanta azáfama, na forja presidencial, antes da posse? Deixemos porém o senhor Anastácio, esse pobre homem, hoje só digno do *parce sepultis*,[42] e ocupemo-nos com os miseráveis que o perderam, e que com as suas costumadas intrigas procuram circular o excelentíssimo presidente atual. Alerta, excelentíssimo senhor, contra essa facção despejada e imoral que tem perdido tantos dos seus antecessores; acautele-se vossa excelência de suas palavras açucaradas, porque eles só procuram comprometer o governo, para depois montá-lo e dirigi-lo em tudo. Os exemplos estão bem frescos, e não é de mister apresentá-los à memória de vossa excelência neste mo-

....
🐌 | [42] *Parce sepultis*: paz aos mortos.

mento, principalmente porque breve nos ocuparemos em artigos especiais com a história dos seus imortais feitos.

Os morossocas têm sido atropelados nos seus mais sagrados direitos, ofendidos em sua dignidade de partido, e tudo têm suportado com a mais louvável resignação, para não perturbarem a ordem, tudo confiando do governo imperial, que inda que tarde, parece enfim já ir conhecendo a verdade. Os morossocas não pretendem favores, nem empregos; firmes em suas convicções, e confiando na bondade da sua causa, eles pedem justiça e só justiça, e que o sistema constitucional, e a liberdade do voto deixe, entre nós, de ser uma ficção, um engodo para enganar os tolos. Queremos ser cidadãos brasileiros, queremos que nos respeitem como tais, e que não continuemos a ser reputados hilotas,[43] ou párias, queremos enfim a lei executada, e não sofismada.

Muito confiamos na ilustração, tino administrativo, e boas intenções do excelentíssimo senhor Bernardo Bonifácio; é por isso que breve esperamos ver cessar o reinado da opressão, da dilapidação, da fraude, da imoralidade, e do exclusivismo. Proceda ele como é de esperar de suas nobres qualidades, e dos precedentes de toda sua vida, e conte com o apoio leal e desinteressado de um partido, que apesar da ingratidão e indiferença com que há sido tratado pelo governo central, e do procedimento estúpido e traiçoeiro

dos seus delegados, se conserva fiel aos princípios de ordem, monarquia e constituição, que sempre o caracterizaram.

Teremos ocasião de voltar ainda a esta matéria.

Artigo do *Postilhão*

Se não estivéssemos acostumados às calúnias, às diatribes, às torpezas, e às imundices desse nojento e asqueroso papelucho que se denomina *Trombeta*, o seu artigo de quarta-feira, narrando a chegada e posse do excelentíssimo senhor presidente atual nos surpreenderia certamente, tal é a baixeza de sentimentos, tal a virulência de idéias que manifesta seu digno autor, o muito digno, muito honesto, e muito respeitável senhor doutor Bavio, distinto chefe da nossa mui *patriótica* opo-

---

[43] *Hilotas*: servos do Estado na Lacônia, pessoas marginalizadas.

sição! Mas o que fazer? Sua senhoria mostra-se nos seus escritos tal qual é, e em nossas forças não cabe mudar-lhe a natureza. Continue, senhor doutor Bavio, continue por esse jeito, insulte os seus adversários, chafurde-se nesse charco de lama e de sarcasmos, que cada vez ganhará mais popularidade e influência, continue que algum dia terá o prêmio de suas boas obras...

Não é nosso intento entrar em uma miúda análise de tudo quanto apresentou esse infame pasquim do dia 18, no seu artigo de fundo; pois para dar dele uma idéia ajustada basta-nos dizer que ao passo que cobria de insultos e insulsas[44] chocarrices ao excelentíssimo presidente demitido, quei- mava os mais podres incensos ao excelentíssimo senhor Bernardo Bonifácio, a quem teve o arrojo de oferecer o apoio da sua pena poluta e corrompida, como se sua excelência pudesse ver sem indignação o desrespeito e indignidade com que é tratado seu digno antecessor, e aceitasse esses elogios interesseiros, prodigalizados porque dele precisam, e que bem depressa se converterão nas costumadas injúrias e arrieiradas,[45] logo que lhes falte aquilo por que tanto almejam, o apoio do poder que só lhes poderia dar a influência que não têm, e que seu descrédito não lhes consente adquirir por outro modo. Quanto se enganam porém com a atual administração! Haja vista o

---

[44] Insulsas: sem graça.

[45] Arrieiradas: grosserias.

que se ali diz acerca dos últimos atos do senhor Anastácio, infamemente adulterados pelo órgão da facção, tanto em importância, como em quantidade, e que mereceram todos a aprovação do digno atual presidente. Esses atos eram quase todos resultado de deliberações já tomadas antes da chegada do excelentíssimo senhor Mascarenhas, e pois a transata administração não fez mais do que expedir ordens para sua execução. — Quanto às patentes para a guarda nacional, não são nem metade do que se tem infamemente propalado, e algumas delas foram concedidas em virtude de propostas já há muito existentes na secretaria, e demoradas por outros afazeres.

Mas que lhe importa a *Trombeta* e o senhor doutor Bavio de serem a cada passo desmentidos, e apanhados em falsidade? O seu gostinho é insultar, intrigar, e desmoralizar tudo, e hão de satisfazê-lo por força, embora cada vez mais se desacreditem, e estejam dando uma triste idéia da sua política ao novo administrador.

Não faremos ao *Pregoeiro* ontem publicado a honra de responder-lhe, e ainda mais uma vez o diremos, o grupinho enfezado e derrubado dos bacuraus só nos merece o mais completo desprezo.

Para o número seguinte voltaremos ao assunto.

Enquanto os jornais, órgãos das diversas facções, exalavam por este ou semelhante modo os seus queixumes, ostentavam a sua força, alegavam os serviços passados, ofere-

PARTIDOS E ELEIÇÕES NO MARANHÃO

ciam os presentes e futuros, adulavam o presidente, e se mostravam ciosos uns dos outros, porfiando a qual mais se abaixaria e prometeria para alcançar a preferência e favor do novo poder, das duas excelências, uma dispunha as coisas para a viagem, e a outra fazia a sua instalação doméstica, civil e política.

O senhor Anastácio Pedro corria toda a cidade a pé, a cavalo, ou em carro emprestado, a despedir-se de seus numerosos amigos, políticos e particulares, e de todos recebia as demonstrações menos equívocas do afeto que sempre lhes merecera, do seu vivo reconhecimento pelos benefícios liberalizados, e finalmente das saudades que ficavam a ralar-lhes os corações. E na efusão de todos estes suaves posto que dolorosos sentimentos, é bem de crer se trocassem muitas promessas e palavras consoladoras acerca da candidatura de sua excelência, que nada menos deixava entrever certos pressentimentos pouco lisonjeiros à fidelidade política dos maranhenses, já na tenacidade com que insistia em semelhante assunto, já no ar de abatimento com que às vezes o tratava.

Entretanto entrou o vapor do Pará, já de torna-viagem, e o cruel apartamento tornou-se inevitável. A raça palaciana, que é perspicaz, havia notado certa frieza entre os dois ilustres colegas; e eu ignoro se isso foi parte para que fosse

91

JORNAL DE TIMON

pouco numeroso o acompanhamento do senhor Anastácio
no ato do embarque. A hora, é certo, não era propícia, pois,
fosse caso ou manha, deu-se às onze da noite. Os periódicos
da oposição não se descuidaram de tirar partido desta
ocorrência, asseverando que sua excelência e a rodinha que
o cercava, sabendo bem de como as coisas passariam, procuraram nas sombras da noite encobrir o seu descrédito,
pedindo e obtendo do agente da companhia que demorasse
a hora da saída. Já do antecessor de sua excelência, que
embarcara dia claro, haviam afirmado os mesmos jornais
que aproveitara a ocasião em que embarcavam alguns
particulares, para da reunião do séquito de cada um e de
todos inculcar que tivera um luzido e numeroso cortejo.

É em verdade grande miséria que os jornais e partidos
graduem por circunstâncias tais e tão mesquinhas a popularidade e mérito dos que governaram povos; mas não é
menos certo que suas excelências se amofinam assaz com
essas circunstâncias, e sobretudo com os reparos e apodos
que elas desafiam, ao passo que tiram motivo para grande
satisfação e orgulho dos acompanhamentos numerosos e
luzidos.

Mas qualquer que fosse a verdade na ocasião a que me
refiro, chegados a bordo, o enternecimento foi geral, e
manifestou-se não só em estreitíssimos abraços, e expres-

PARTIDOS E ELEIÇÕES NO MARANHÃO

sivos apertos de mãos, senão ainda em lágrimas sentidas e sinceras que, com pasmo até dos carvoeiros do vapor, umedeceram as faces de alguns gazeteiros, não menos que do chefe de polícia e dos seus delegados. Sua excelência desprendeu-se a custo de seus braços, e dizem que no momento supremo lançara um derradeiro olhar, baço e vidrado pelo susto da fraudada candidatura, como um pecador não absolvido que partisse para o outro mundo.

2

Instalação doméstica do novo presidente — O palácio do governo — Conforto — Criados do paço — Jardins e perfumes — Solilóquios — O tenente-coronel Fagundes — Um homem prestante — Cavalos baratos — Diversas espécies do gênero presidente — O *Porto-Franco*.

O senhor Montalvão de Mascarenhas, mal que se viu instalado no governo e no paço, desapressado[46] da importuna e constrangida hospedagem do seu ilustre antecessor, fez consigo termo de verificar bem e conscienciosamente a sua posição política e particular, para daí lançar as suas contas, e proceder ulteriormente como ditassem os seus interesses,

---

[46] *Desapressado*: livre.

quero dizer, os da província, dos quais um bom presidente não sabe nem é capaz de separar os próprios.

Sua excelência começou pela exploração dos seus vastos, e nada menos, pouco confortáveis aposentos; e dizem as memórias contemporâneas que nem por isso se mostrou muito lisonjeado e satisfeito dos descobrimentos que fez. A posteridade, contudo, pela voz imparcial e severa da história, desculpa hoje o movimento de mau humor que escapou àquele homem, aliás habituado às delícias do Rio Grande, Maceió e outros pequenos paraísos deste nosso império, verdadeiro prodígio da criação. O casarão a que nesta terra se dá o nome de *palácio*, comprido e estreito como os antigos domínios do rei da Prússia, promete nas mostras de fora muitas e grandes acomodações; mas a experiência para logo desfaz a ilusão, e quem o visita interiormente só depara meia dúzia de salas e salões, e pouco mais. Foi o que aconteceu ao senhor Mascarenhas, que notou além disso a pouquidade e singeleza mais que republicana dos móveis, as pinturas desbotadas, o papel das paredes manchado em grande parte, desgrudado e pendente aqui e acolá, dois ou três reposteiros desfiados e safados[47] pelo uso, as janelas e portas desguarnecidas, e de mais a mais abertas e talha-

---

[47] *Safados*: gastos.

das ao gosto de uma antiga arquitetura maranhense, de uma escola ou estilo que ninguém sabe, e a que entretanto todos chamam gótico. O assoalho nu e pouco asseado de algumas das salas não desdizia do tapete velho, esburacado e sórdido de outras. O telhado abria um sem-número de goteiras, e as águas das chuvas, derivando-se por elas, descreviam pelos forros e paredes os traços caprichosos e nada elegantes que as manchavam.

Não ficou pouco surpreendido o senhor Mascarenhas quando pela primeira vez o seu criado pediu-lhe dinheiro para luzes daqueles salões. Com efeito! pois também isto à custa dos presidentes? Não houve remédio senão meter a mão na algibeira, e autorizar a despesa; mas como não era possível fazer uma iluminação a gás, alguns dos salões ficaram completamente às escuras, e nos restantes uma ou outra vela solitária espargia uma luz amortecida, apenas suficiente para tornar visíveis as sombras que se agitavam nos ângulos nus do deserto e silencioso edifício.

Quanto aos quartos interiores, nem camas, nem móveis alguns pelo menos decentes e toleráveis; apenas meia dúzia de cadeiras velhas, e duas ou três bancas desengonçadas. Em louça não falemos, pois nunca a houve geral ou provincial. A este propósito referirei um fato de que fui testemunha ocular. Indo um dia, ou antes, uma noite, visitar um dos sucessores do senhor Mascarenhas, pois é de saber que Timon (e não digo isto por me gabar) tem tido suas entradas francas em palácio, sua excelência fez-me a honra de convidar para tomar chá, que foi servido na sala de jantar. Não sei por que, o chá tomado em fina e dourada porcelana sempre me parece muito melhor; e já me dispunha a saboreá-lo deliciosamente, quando dei com os olhos num serviço de louça inglesa, pintada de verde, desta de sete mil e quinhentos o aparelho de vinte e quatro xícaras!*

Se tal visse Benengeli, o verídico e primeiro historiador do valeroso cavaleiro da Mancha, exclamaria certamente, como quando viu o seu herói, cheio de aflição, a tomar os pontos abertos das suas meias também verdes: Ó pobreza, ó pobreza!

O senhor Bernardo Bonifácio, que, movido do que via, moralizava um pouco no seu foro interior sobre a vaidade das coisas humanas, esperava ao menos achar compensação em gozos de outra ordem, e logo ao amanhecer do dia imediato endireitou para o terrado e jardim a tomar fresco e aspirar o perfume das flores. Ao atravessar uma das salas do paço, deu com três galés[48] que a varriam,** e não menos sur-

----

* *Histórico*. A maior parte das circunstâncias que Timon refere são rigorosamente históricas. (N. A.)

[48] *Galés*: condenados a trabalhos forçados.

** Idem. (N. A.)

JORNAL DE TIMON

preso desta que de tantas outras novidades, só caiu em si quando lhe disseram que à míngua de criados ou escravos da nação,[49] àquela boa gente estavam confiados este e mais outros ramos da polícia e asseio daquele venerando próprio nacional! Chegado ao jardim do terrado, em vez de flores, deparou só canteiros nus, e cheios de terra seca e esgaravatada. Lançou os olhos para o parque, e o viu alcatifado de erva daninha e ingrata, salvo que nalguns espaços toda e qualquer vegetação era tolhida por fragmentos de telhas, tijolos, pedras e mais resíduos das obras e consertos com que incessantemente é martirizado aquele velho edifício, sem que jamais consigam remoçá-lo ou dar-lhe aparências mais honradas, nem os engenheiros a quem tais consertos se confiam, nem os mestres-de-obras a quem os engenheiros por seu turno delegam os poderes e ciência, *que de poder mais alto lhes foi dado.*

Desiludido de jardins e flores, tomou sua excelência para o lado oposto a fim de admirar o famoso cais da Sagração; e para logo avistou, primeiro o grande monturo de lixo, que se deposita na vizinhança do governo, a pretexto de entulhar o terreno que o cais roubou ao mar; e depois, a

---

[49] *Escravos da nação*: escravos pertencentes ao governo.

poucos passos adiante de si, a cadeia pública, que é ao mesmo tempo casa de câmara e tribunal de justiça. Está feito, pior seria se fosse a forca; mas eis senão quando dois calcetas,[50] que naturalmente revezariam na manhã seguinte o serviço do interior do paço, surdem d'uma porta de ferro, trazendo pendente de um pau que horizontalmente descansava sobre seus ombros... o quê? Sua excelência levou rapidamente o lenço ao nariz, e perguntou se aquilo sucedia todos os dias? "Conforme", respondeu-lhe o sargento ordenança (homem experimentado, e constantemente reconduzido no cargo, já de muitas presidências atrás); "nem sempre se dá por semelhante coisa; mas quando há *limpeza geral*, ninguém pode resistir. Já os antecessores de vossa excelência se queixavam bem..." Satisfeito por aquele dia quanto a perfumes, desceu sua excelência ao pátio dos bichos, e não encontrou ali fôlego vivo. Passando a examinar a estrebaria, onde tinha de aboletar os cavalos que pretendia comprar, deu com ela atulhada do retraço[51] daqueles últimos quinze dias; e é de crer que lá consigo murmurasse da

....

| [50] *Calcetas*: o mesmo que galés, condenados que faziam trabalhos públicos.

| [51] *Retraço*: restos de palha.

JORNAL DE TIMON

pouca delicadeza com que o seu antecessor deixava à sua administração tantos embaraços a remover.

"Nem por isso", dizia ele, medindo a largos passos o grande salão, depois de haver visitado todos os seus domínios, "nem por isso a residência presidencial do Maranhão é lá tamanha coisa como eu supunha, quando ouvia falar em palácio, e o avaliava pela importância da província. Um velho casarão desguarnecido de móveis, pouco asseado, pouco resguardado, que é forçoso ter de noite quase às escuras, sem nenhum acessório onde possa um homem espairecer o espírito e o corpo alquebrado das fadigas administrativas, tendo por vizinhos a cadeia, os seus habitantes, as suas cloacas, aquele magnífico depósito de lixo... Aposto que qualquer particular medianamente abastado tem habitação muito mais cômoda e decente que a primeira autoridade da província? Posto que, segundo me informa a secretaria, têm ficado sem solução satisfatória as reiteradas representações dos meus antecessores, vou escrever ao ministério que cumpre acabar com semelhante indecência. É mister rodear o poder de algum esplendor...*

....

🐾 | * Afinal, resolveu-se o governo a mandar fazer um conserto mais radical na velha habitação do capitão-general Joaquim de Mello: a obra das

PARTIDOS E ELEIÇÕES NO MARANHÃO

"Bem indispensável me era um carro tirado a dois... mas o dinheiro? Certo é que tive uma boa ajuda de custo; mas as dívidas atrasadas levaram-me quase tudo. Não haverá remédio senão utilizar-me do oferecimento do comendador Saraiva. Bastar-me-á comprar os dois cavalos. Não tenho escravos que os tratem, mas aí estão, para esse e outros misteres servis, os ordenanças montados da polícia.

"Quando me lembra que já em 1792 os antigos capitães-generais[52] tinham quatro contos de réis em boa moeda de prata e ouro... Se além do ágio dermos o desconto à barateza de então, à carestia atual dos gêneros, e às necessidades sempre crescentes do luxo e representação, é indisputá-

....

reparações tem progredido com grande vigor neste ano de 1852. Puseram-se grades de ferro nas janelas superiores, agora mais rasgadas e elegantes, e consta-me que se encomendaram para a Europa móveis e decorações de gosto e preço. Mas para que a obra fique sendo sempre do Maranhão, a arquitetura do andar superior, sobremodo renovado, não diz com a do pavimento térreo, cujas portas e janelas, baixas e acaçapadas como dantes, não têm sequer para onde se desenvolvam. A extremidade do edifício, ocupada pela tesouraria, ficou com a antiga aparência exterior, e *hurle de se trouver ensemble* [expressão francesa que significa *não combina*] com o palácio propriamente dito. (N.A)

[52] *Capitães-generais*: governadores das capitanias durante a Colônia.

JORNAL DE TIMON

vel que hoje em dia o equivalente daqueles quatro contos[53] não podia ser de menos de doze ou catorze em papel. Quatro contos em cédulas para um presidente é na verdade uma grande miséria! Se o tenente-coronel Fagundes, amigo que me caiu do céu, não tivesse tanto a ponto, e tão generosamente, provido a todos os arranjos necessários, sem eu saber o como, estava o senhor presidente da província muito bonito!

"E quantas outras vantagens e diferenças, além dos vencimentos, a favor dos capitães-generais! Contavam com a estabilidade do seu emprego, e deles havia que, em vez dos três anos de estilo, governavam seis e sete sem interrupção. Que poder absoluto! Que respeito, ou antes, que terror universal! Quem se atrevia a boquejar neles a não ser muito em segredo? Tinha bem vontade de saber que figura fariam então estes grandes redatores de jornais que hoje por dá cá aquela palha põem um presidente mais raso que o chão!

"Entretanto, se eu com esta presidência pudesse arranjar um bom casamento... Certamente que não sou o primeiro a quem isto lembra... E se me viesse por aí assim uma senatoria

---

[53] *Contos*: a moeda da época era o real, plural réis. Um conto era um milhão de réis ou mil-réis.

102

desgarrada?... Também é quase a única compensação que tem um pobre presidente de tantos sacrifícios que faz e desgostos que sofre. Vejam o pago que deram ao Anastácio por aceitar a presidência em tempos de crise, e depois de tão rogado.

"Mas quanto a partidos, falemos a verdade, a província não vai tão mal como isso. Não padece dúvida, muitos são os que a retalham, mas todos eles, pelo órgão de seus dignos chefes, me têm cá vindo protestar e oferecer a sua adesão, lealdade e serviços. Não tenho desgostado disto, se não é que já me vou enjoando de tanta maçada e bajulação. Pobre gente! não podem com uma gata pelo rabo (Timon adverte ao leitor que sua excelência falava com os seus botões, com os quais lhe era permitido usar desta linguagem mais que familiar), e por isso porfia cada um para obter o apoio do governo com que esmague o adversário. Bem. Temos tempo para pensar nisso. E o melhor em todo o caso será ir bordejando entre todos, até chegar a bom porto. Apanhe-me eu com as eleições feitas, e o diploma nas unhas, e então lhes mostrarei se tenho ou não desejos de os ver pelas costas."

Não ousa Timon asseverar que todos os excelentíssimos presidentes por quem temos tido a honra de ser governados fizessem solilóquios semelhantes a este; mas o que não padece a menor dúvida é que o senhor doutor Bernardo Bonifácio Montalvão de Mascarenhas passeava, pensava, ruminava ou murmurava pela maneira que fica exposta, quando foi interrompido pela chegada do tenente-coronel Fagundes, que vinha almoçar com sua excelência dos mesmos bolos e pães-de-ló que de casa havia pouco lhe mandara de mimo.

O tenente-coronel era uma daquelas bem-aventuradas criaturas que os presidentes sempre têm a fortuna de encontrar, estranhas a todos os partidos, prontas e oferecidas a servir o homem do poder, sem ter conta com as suas opiniões; mordomos ou despenseiros dos cômodos, gozos e distrações do homem privado, porém mudos e inofensivos admiradores do homem político. Parece que a Providência Divina, a quem não escapam ainda as coisas mais somenos, suscita a cada novo presidente um amigo ou mordomo diverso que rivaliza de zelo com quem o precedeu no emprego e nas honras; e do tenente-coronel Fagundes requer a imparcialidade se diga que serviu com tão boa vontade, e tão a contento do senhor Mascarenhas, que sua excelência pouco antes de retirar-se criou de propósito um emprego de almoxarife, e nomeou para ele o seu amigo predileto. Também dos muitos obséquios e serviços que prestou a sua excelência foi este o único galardão recebido, e mais uma comenda vinda da corte, pois não julgo merecedores de especial menção uns tantos despachos que obteve para empregos, pagamentos, licenças, baixas e patentes, em favor de alguns indivíduos que se acolheram à sua proteção e valimento.

Estas bagatelas não se negam a ninguém, e muito menos a um amigo dedicado e fiel: e se alguns rumores suspeitos correram acerca do desinteresse com que o senhor Fagundes se havia nas suas agências, a história dará testemunho de que eram absolutamente infundados, e nascidos só do ciúme e despeito com que o partido dominante via escoarem-se por outro canal as graças do governo de que pretendia fazer um monopólio exclusivo. Mas não antecipemos, e vejamos o que passaram os dois amigos, pois muito importa para a perfeita inteligência da vida de um presidente.

Sentaram-se ao almoço, e travou-se o seguinte diálogo.

— Vossa excelência foi já convidado para o baile de dona Urraca?

— Já.

— E para o do conselheiro?

— Igualmente. Dizem-me que o Almendra prepara uma função arrojada para o batizado da filha.

— É certo. Mas antes de tudo isso vossa excelência há de ter paciência de ir jantar com alguns amigos, em casa deste seu criado, depois de amanhã.

— Homem, eu ando tão atrapalhado com os negócios... vocês não me deixam trabalhar... mas que remédio... Com muito gosto.

— Lá para o diante, quando vossa excelência estiver mais desocupado, há de ter a bondade de passar alguns dias no meu sítio, e então terá ocasião de percorrer todos estes arredores, que são aprazíveis.

— Obrigado. Não me despeço do seu favor. (Neste ponto entrou o oficial-maior, o capitão Ricardo Décio, que tomou parte na conversa... e no almoço.)

— Fagundes, queria pedir-lhe uma coisa.

— Mil que fossem, vossa excelência manda, e não pede.

— É que me veja dois cavalos bons e baratos, que os quero comprar.

— E esta! Vossa excelência o não acreditaria, se eu lho dissesse!

— Então o quê?

— É que vinha hoje aqui depositadamente[54] para pedir a vossa excelência me permitisse licença de ofertar-lhe uma bela parelha que ontem me chegou da fazenda.

---

[54] *Depositadamente*: provavelmente "de propositadamente".

— Meu amigo, isso não, tantos obséquios... o senhor me enche de confusão, e sem que eu possa retribuir-lhe de algum modo. Não aceito sem pagar o seu valor, tenha paciência, diga-me quanto quer por eles.

— Ora, vossa excelência de algum modo choca o meu melindre, pois uma bagatela destas...

— Não, senhor, há de dizer-me o seu custo.

— Pois já que vossa excelência quer... mas enfim, temos muito tempo, não havemos de brigar por isso.

Enquanto se dispunha a vinda dos dois bucéfalos, lastimou sua excelência o estado miserável em que o seu antecessor deixara as cavalariças, escangalhadas, imundas, entulhadas...

— Outros piores têm havido (acudiu um dos interlocutores) que deixaram as casas que habitaram de favor mesmo uma lástima. Porém será melhor calar-me. Alguém pensa que todos os presidentes são pechosos[55] em asseio como vossa excelência? Estão muito enganados. Mas se eu fosse o senhor presidente não estava a incomodar-me com semelhantes cuidados e arranjos, quando o tenente Cadaval tem

---

[55] *Pechosos*: exigentes.

JORNAL DE TIMON

tráfico de sustentar e tratar cavalos, a cruzado e cinco tostões por dia, conforme...

— Isso em verdade é muito mais cômodo. Mandem vir
esse homem.

O tenente-coronel Fagundes encarregou-se da diligên-
cia, escreveu um bilhetinho, e dentro em pouco estava
com eles o prestantíssimo Cadaval. Feitos os cumprimentos do estilo, pois não era pessoa de todo desprezível, pro-
pôs-lhe sua excelência o caso, e quanto queria pelo trato
dos brutinhos.

— Vossa excelência pode mandar os cavalos quando
quiser.

— Sei disso, é pela diária que lhe pergunto.

— Eu não levo nada a vossa excelência por semelhante
bagatela.

— Essa agora é fina! Os senhores estão conspirados, ao
que parece... Leve os cavalos que eu lhe mandarei o seu dinheiro.

— Eu respeito muito a pessoa de vossa excelência, mas
a minha vontade é livre. Levo os cavalos e nada mais.

Então o senhor Fagundes, tomando a sua excelência de
parte, fez-lhe ver que aquilo não fazia diferença ao homem,
pois ele tratava mais de uma dúzia; que ao demais desejava
ter ocasião de obsequiar a sua excelência, a quem aliás não

108

a faltaria de recompensá-lo por qualquer modo. Impacientado de tanta importunação, e solicitado e distraído pelo expediente, o senhor Mascarenhas deixou o negócio à conta do seu amigo, que o decidiu despoticamente, sem lhe embaraçar coisa alguma o desagrado do presidente.

Destes cavalos e do seu sustento nada mais achei na memória dos contemporâneos, senão que sua excelência os deixou na sua retirada para serem vendidos, e aplicar-se o produto à amortização do sofrível débito com que no cabo do seu governo se achou empenhado para com o amigo Fagundes e mais dois. O prestimoso Cadaval, esse foi nomeado capitão da guarda nacional.

Penso que estas coisas têm sucedido a mais de um, e não se limitam só a cavalgaduras, senão a diversos outros ramos do seu doméstico serviço, acontecendo por via de regra que aos dois terços do mês estão fundidos, quase só em despesas ordinárias, os 333$333[56] que para o mês inteiro, e para o ordinário e extraordinário, lhes franqueia a generosidade e munificência do Estado.

....

[56] *333$333*: salário mensal do presidente. Lê-se trezentos e trinta e três mil, trezentos e trinta e três réis.

JORNAL DE TIMON

Não faltarão porventura severos e catônicos censores que em alguns destes casos e obséquios achem matéria para requerer a aplicação do artigo 149 do nosso Código Criminal, que põe em culpa ao superior o constituir-se em obrigação pecuniária para com seu subalterno; e dirão talvez que, mesmo nos casos não sujeitos à sanção penal, é manifesto que um homem que assim se deixa cativar por tantos e tão singulares donativos e serviços mal poderá ter a isenção, independência e desafogo de ânimo que é mister para poder obrar livremente, e segundo as exigências do interesse público e da justiça. Mas esses tais esquecem *que não há criminoso ou delinqüente, sem má-fé, isto é, sem conhecimento do mal e intenção de o praticar*, como está bem claro logo no artigo 3º do mesmo código, e que nas circunstâncias referidas o presidente procede ordinariamente subjugado por força maior, sendo por outra parte não menos certo que a necessidade de manter o decoro da sua posição tem cara de herege, tanto como qualquer outra necessidade que possa acometer um pobre-diabo no interior da sua humilde habitação.

Os seguintes traços não serão inúteis a esta parte do quadro da vida presidencial.

Em regra, um presidente não faz leilão de móveis quando se retira da província; e esta não é das menores diferenças que se notam entre eles e os residentes diplomáticos.

110

Deles tem havido que se fazem comensais efetivos das casas ricas, e perseguem os donos e os seus jantares ainda nos retiros a que a moléstia, e porventura a importunação, os obrigou a acolher-se. Outros mais miseráveis no fim dos seus governos andaram de porta em porta pedindo e agradecendo esmolas de cinqüenta, cem e duzentos mil-réis, vilania incrível, a que se dava o corado nome de *subscrição*.* E em face destes, um cuja probidade era mais que muito suspeita rejeitou como um Catão uma bandeja de uvas que lhe mandaram de presente!

Quando considero no complexo de todas estas misérias da vida interior ou de representação do presidente, e nas muitas mais que são a comitiva ordinária da parte administrativa e política do cargo, duvido, apesar das violências e malfeitorias que muitos deles hão praticado, se são mais dignos de compaixão e desprezo que de ódio. O que admira é como alguns mais autorizados pelas qualidades da sua pessoa ainda conseguem manter uma tal qual sombra de consideração e respeito para um cargo por tão diversos modos vilipendiado, não menos pela vileza d'ânimo dos que o

---

🐌 | * Histórico. (N. A.)

têm ocupado que pelas paixões más e turbulentas que excita o espetáculo de tanta miséria e degradação.

Que um presidente se faça freguês do chá e pão-de-ló, tome emprestado o cabriolé do rico e potentado, e aceite mesmo o bucéfalo com que um ou outro dos seus apaixonados o presenteia, ainda lho tolero e desculpo; mas que aceite não somente o mimo dos cavalos, senão também o dos escravos que lhos pensem e boleiem, como sei de um; e se constitua formalmente aquilo a que se usa chamar *papajantares*, como também sei de outro, isso é coisa que não podem sofrer nem homens, nem deuses, nem colunas.

Non homines, non dii, non concessere columnae.

Em vez de presidentes tais, melhor fora que sua majestade, como Carlos XII, mandasse uma de suas botas a governar-nos.

O senhor Bernardo Bonifácio não estava porém neste caso; e bem que a necessidade de manter o decoro exterior da sua elevada posição o obrigasse a recorrer a certos expedientes que uma escrupulosa delicadeza não poderia talvez absolver, era todavia homem de tão boas maneiras, e tão abalizado cortesão, que a tudo sabia dar um verniz maravilhoso, com que de modo nenhum ficava mareado o crédito do delegado do imperador.

PARTIDOS E ELEIÇÕES NO MARANHÃO

A propósito de presidentes, da sua chegada e instalação, dos validos e mexericos que o circundam, à desmaiada pintura de Timon deverá preferir-se, ou pelo menos adicionar-se, o seguinte vivo e espirituoso artigo descritivo que ao público ofereceu um dos nossos jornais contemporâneos.*

"Mal aponta um vapor com sinal de presidente a seu bordo, e já todos estão ansiosos por saber qual a criatura que mereceu *tão distinta honra*.

"O partido dominante treme entretanto de susto, e o decaído regozija-se sem saber de quê.

"Se porém o novo presidente é pessoa conhecida, se seus princípios políticos são sabidos, ou quando não o sejam, se ele é amigo particular d'algum correligionário deste ou daquele lado, ou de pessoa que lhe diga respeito, nessa mesma hora são expedidos correios, por parte do lado que o reputa seu, para todos os pontos da província, anunciando a feliz escolha do indivíduo. O partido dominante vai propalando que nada perdeu, antes lucrou com a nomeação; e o decaído, que tudo tem a esperar do novo presidente.

"Enquanto este não se abre, enquanto vive entretido no recebimento de visitas de cumprimentos, que não faltam em

---

| * *Porto-Franco* nº 116, de 20 de março de 1850. (N. A.)

113

JORNAL DE TIMON

tais ocasiões, tratam os jornais das diversas facções de chamar o homem para o seu lado. Uns lhe fazem desde logo *hipoteca* de sua pena para a defesa de seus atos passados, presentes e futuros. Outros vão transcrevendo em suas colunas o juízo favorável, que a respeito dele emitiram os jornais das outras províncias. Outros exaltam a sua ilustração, as suas maneiras, qualidades e sentimentos. Outros os seus anteriores *relevantes* serviços à causa pública. Outros, que julgam a *boa* criatura do seu lado, criticam os elogios, que o seu antagonista lhe dá, porque até nisto há ciúme. Outros finalmente vão intrigando por todos os modos os seus adversários e pondo-lhes a calva à mostra para que sejam conhecidos da *boa* criatura, e não venha esta a fazer aliança com eles!

"Assim se continua por algum tempo, espreitando-se cuidadosamente os seus atos, as suas ações particulares, as pessoas a quem ele dá importância, tudo em suma o que ele faz, até que chega a hora de desengano para uns, e de ventura para outros.(...)

"Desembarcado que seja o novo presidente, ficam para logo sabidas como que por milagre a sua pátria natal,[57] sua

[57] *Pátria natal:* província natal.

114

família, as suas mais íntimas relações, e toda a sua vida tanto pública como particular.

"Feito este primeiro estudo do homem, trata-se de indagar os seus sentimentos políticos e morais, o seu caráter, o seu gênio, o grau de sua inteligência, seus gostos, e mais que tudo o seu fraco.

"O presidente demitido é posto desde logo à margem, e se algumas zumbaias[58] recebe é às ocultas, e das pessoas que têm interesse em que ele as recomende ao novo.

"Inúmeros são os especuladores, que então aparecem e que julgam chegada a época de poderem figurar na cena política e gozar da intimidade palaciana; e desgraçadamente não temos tido um só presidente, que não tenha o seu valido... e de ordinário personagem bem ridícula.

"É um gosto ouvir a esses especuladores, que aparecem entre nós com a chegada de um novo presidente, pois cada qual vai, como quem não quer a coisa, divulgando o título, que o torna recomendável à *boa* criatura... Um diz que ele foi seu condiscípulo; outro que morou com ele; outro que é seu compadre; outro que é seu amigo; outro que o conheceu em tal e tal lugar; outro que ele é seu parente ou con-

---

[58] *Zumbaias*: rapapés.

JORNAL DE TIMON

traparente; outro que ele é amigo íntimo de fulano, e por isso espera por este canal obter dele quanto desejar; todos, em suma, se acham habilitados para terem cabimento perante ele por esta ou aquela razão mais ou menos poderosa...

"As primeiras visitas dos especuladores têm por fim o fazerem conhecidos seus nomes, empregos, influência política ou social, seus teres etc. etc., terminando por oferecerem seu decidido apoio à nova administração.

"Nas segundas já o principal objeto consiste em sondar os gostos e inclinações do homem. Se descobrem que este é amigo de bailes, teatros, jantares, súcias, viagens, passeios, da folgança em suma, tratam quanto antes de lisonjear os seus gostos, e de bem os satisfazer. Com isto tiram dois proveitos: o primeiro a estima do presidente; e o segundo dar a conhecer aos papalvos, que gozam da intimidade dele.

"Nas outras visitas vão já tratando de suas pretensões com ar desembaraçado, empregando para as conseguir toda a casta de bajulações e de intrigas.

"Para que se faça melhor idéia do estado de degradação a que havemos chegado, e da facilidade com que um presidente se entrega em corpo e alma a miseráveis aduladores e intrigantes de profissão, ou a nulidades completas, vamos descrever uma cena em palácio, e outra fora dele.

"Que se figure uma reunião de especuladores em palácio assistindo a ela o presidente, em qualquer hora do dia ou da noite. O que se observa ali ordinariamente? A mais abjeta adulação, a mais ignóbil intriga, a mais revoltante maledicência acompanhada da mais negra calúnia.

"Se por acaso espirra o presidente, todos, como que movidos por uma só força, o saúdam a um tempo com toda a reverência. Se das mãos lhe cai algum objeto, todos procuram apanhá-lo, cada qual mais apressado. Se o presidente elogia um ente qualquer animado ou inanimado, todos acham *acertado* o elogio, e começam curiosas observações a respeito. Se fala mal deste ou daquele indivíduo, desta ou daquela coisa, há para logo uma trovoada de impropérios contra o indivíduo ou a coisa que mereceu o desagrado do excelentíssimo.(...)

"Eles não largam dia e noite as portas de palácio, embora nem sempre falem com o excelentíssimo. Eles entram ali com ar desembaraçado e insolente, deixando de cumprimentar em tais ocasiões a quem quer que seja; o mesmo praticam quando andam em passeio com o excelentíssimo, pois só cumprimentam as pessoas que este cumprimenta. Não cessam de mandar mimos à *boa* criatura. Quando convidados por ela para isto ou aquilo divulgam logo o convite, porém de um modo que indique que eles são os que fazem favor indo lá. 'Agora é que sua excelência se lembrou de

JORNAL DE TIMON

convidar-me para isto ou para aquilo quando há para mim tal e tal impossibilidade em aceitar seu convite; mas é forçoso condescender, não há outro remédio...!' Eis a maneira por que tais patetas costumam divulgar a *consideração* em que são tidos em palácio.

"Se o presidente lhes aperta as mãos, lhes enfia o braço, ou conversa em particular com eles, ficam orgulhosos, e julgam-se mais poderosos do que um paxá.

"Adulam as pessoas a quem o presidente mostra especial agrado, e odeiam a quem ele vota antipatia: nem tenha um presidente receio de encontrar um seu desafeto em qualquer baile ou súcia dos tais heróis.

"Por toda a parte inculcam o seu valimento: a muito custo obtive isto, tem você alguma pretensão, quer ser introduzido em palácio, quer ter relações com o presidente... quando ele for a minha casa o convidarei para lá ir, e lho apresentarei... e outros iguais desfrutes próprios só de bobos, são os meios que ordinariamente empregam para se fazerem notáveis como validos!"

118

3

Denominações, bandeiras, credos, profissões de fé — Cangambás, morossocas, jaburus, bacuraus — Ligas, organizações, coalizões, fusões, cisões, dissoluções, recomposições — Receita pronta e eficaz para criar um partido — Retratos — Um presidente imparcial — Proteção à lavoura, cultura do palmachristi — Perseguições aos quilombos.

Antes de continuar esta verídica história da presidência Montalvão, é conveniente dar uma idéia mais ampla do estado dos partidos no Maranhão, segundo se achavam e tinham sido modificados nas últimas e mais recentes administrações.

Nesta heróica província, a contar da época em que nela se inaugurou o sistema constitucional, os partidos já não têm conta, peso, ou medida; tais, tantos, de todo tamanho, nome e qualidade têm eles sido. Parece que nisso nos mos-

JORNAL DE TIMON

tramos verdadeiros descendentes dos antigos povoadores desta terra, muito mais inquietos e turbulentos do que geralmente se pensa, como oportunamente farei ver; mas é certo que nestes últimos tempos a ciência e faculdade de engendrar partidos tem sido levada a um grau de perfeição e fecundidade verdadeiramente fabuloso.

As aves do céu, os peixes do mar, os bichos do mato, as mais imundas alimárias e sevandijas já não podem dar nomes que bastem a designá-los, a eles e aos seus periódicos, os cangambás, jaburus, bacuraus, morossocas, papistas, sururus, guaribas e catingueiros. Assim, os partidos os vão buscar nas suas pretendidas tendências e princípios, nos ciúmes de localidades, nas disposições antimetropolitanas, na influência deste ou daquele chefe, desta ou daquela família, e eis aí a rebentar de cada clube ou coluna de jornal, como do cérebro de Júpiter, armados de ponto em branco, o partido liberal, o conservador, o centralizador, o nortista, o sulista, o provincialista, o federalista, o nacional, o antilusitano, o antibaiano, o republicano, o democrático, o monarquista, o constitucional, o ordeiro, o desorganizador, o anarquista, o absolutista, o grupo Santiago, o grupo Pantaleão, os afranistas, o bavistas, a camarilha, a cabilda e o pugilo.

Já a mão do tempo e do esquecimento vai pesando sobre as primeiras divisões que entre nós produziram as idéias políticas modernas; é de crer porém que nos primeiros tempos

120

os partidos adversos fossem só dois, um em frente do outro. Hoje um mecanismo tão simples não pode satisfazer a multiplicidade dos chefes em disponibilidade, e por isso a cada nova complicação da política provincial aparecem novos partidos, não se sabe donde saídos, e como organizados. Às vezes uma só noite tem visto um partido escachar-se ao meio, e um dos troços ligar-se ao partido contrário para se tornar a separar com violência e estrondo dentro de poucos dias; outras, abandonam-se os aliados no mesmo campo da batalha, e voltam-se contra ele as armas, como fizeram os saxônios a Napoleão em Leipzig; e não é de todo sem exemplo que durante uma curta campanha, e no ardor da luta, os combatentes tenham trocado uns com os outros as suas bandeiras, princípios e invocações. A existência de alguns dos tais partidos é coisa tão problemática e impalpável, que tem acontecido asseverar um jornal que tal partido está morto e dissolvido há muito, e sair-lhe outro ao encontro, sustentando que não há tal, que o partido vive e funciona, como bem prova a voz eloqüente do jornal que lhe serve de órgão.

De ordinário ocorrem as modificações nas proximidades das eleições, ou logo depois delas. O grupo ainda não fracionado vê-se acometido da lepra dos pretendentes, e em risco de ser batido, pelos embaraços que lhe trazem a sua prodigiosa quantidade, os seus manejos, intrigas, ódios e furores: este inimigo interno é por via de regra mais terrível e assus-

JORNAL DE TIMON

tador, e dá muito mais trabalho, fadiga e desgostos que o partido contrário. Entretanto sofre-se o mal até a última hora, e quando já de todo não é possível adiar ainda mais a dificuldade, quando chega o momento supremo e decisivo, os mais poderosos e influentes procedem à amputação dos membros que logo qualificam de ambiciosos parasitas, baldos de préstimo e influência, ao mesmo tempo que estes bradam contra o despotismo e tirania de meia dúzia de egoístas, que sem mérito e sem influência trazem, não obstante, e pela mais estupenda de todas as anomalias, escravizados aos seus caprichos e interesses privados, a província, o partido, os nossos infelizes concidadãos, ou coisa que o valha.

Com o andar dos tempos, vão as cisões em tal aumento, e multiplicam de maneira que é mister empregar o processo oposto para que não venha tudo por fim a ficar reduzido a simples individualidades; e começam então as ligas, fusões, coalizões, e conciliações, sendo às vezes de pasmar como parecem minguar os partidistas, por mais que os partidos se afiliem, fundam e refundam.

Quando menos se espera, em uma bela manhã, ou antes numa bela tarde, começa a distribuir-se um periódico em duas ou três colunas, ou mesmo em quarto de papel, intitulado o *Curica*, o *Ferrão*, o *Jararaca*, a *Lanterna*, o *Chicote*, o *Farol*, o *Pregoeiro*, ou o *Independente* (o nome não faz

122

ao caso), o qual anuncia *urbi et orbi* que na noite de... em casa do cidadão F... houve uma brilhante e numerosa reunião da gente mais grada da capital; que se demonstrou o estado miserável a que tem chegado esta bela província, digna de melhor sorte, sob a funesta influência dos atuais dominadores, e o como era mister centralizar e dirigir a opinião que por toda parte se manifestava contra eles; e como enfim se criara uma comissão diretora, e ficara assentado que todos os maranhenses, sem distinção de partidos, e abafando os seus antigos ressentimentos, cuidassem seriamente de unir-se e conciliar-se para desmoronarem a influência ominosa que os aviltava e oprimia.

Passados alguns dias, acode o periódico contrário e assevera que uma ridícula farsa acabava de representar-se; que a reunião fora miserável, e apenas composta do refugo de todos os partidos; que não há nada mais estúpido do que a inculcada fusão, pois é bem comezinha a verdade de que a existência dos diversos partidos é inerente à nossa forma de governo, e indispensável para o jogo regular das instituições; que, finalmente, a grande maioria ganhou muito com se ver livre dessa meia dúzia de desertores, hoje totalmente desconceituados, porque se foram lançar aos pés dos seus antigos e encarniçados inimigos.

É este o espetáculo que há três lustros a esta parte a pro-

JORNAL DE TIMON

víncia se tem habituado a contemplar; organiza-se um partido assim como quem incorpora uma companhia ou sociedade mercantil, e com muito mais facilidade, pois em vez de ser mister colher ações, semeiam-se circulares e periódicos. A mania a este respeito tem chegado a tal ponto que já um homem, aliás distinto, e que não pouco avultara na cena provincial, se lembrou um dia de recomendar a organização de um partido em um simples artigo comunicado, em forma de receita, em que vinham prescritas a publicação de um jornal, o seu título (nome de pássaro), a epígrafe, o formato, e até o preço de dois vinténs por cada folhinha de quarto, rematando tudo com as luminosas doutrinas a pregar, e a formidável intriga a manejar, com que dentro em pouco correria tudo às mil maravilhas!

E assim como se organizam, assim se dissolvem, ou por uma evaporação lenta, ou por uma estrondosa explosão, anunciada nos jornais. Os dignos membros licenciados, ou tomam logo serviço nas companhias sobreviventes, ou à feição dos antigos partos, e dos gaúchos modernos, vão refazer a debandada a alguns meses ou anos de distância, sob a mesma, ou nova bandeira e grito de guerra, segundo ditam as conveniências do momento.

Nas duas presidências que precederam a do senhor Montalvão se deram muitas destas cisões, ligas, fusões, dis-

124

soluções, oriundas todas elas de desapontamentos e exclusões eleitorais, bem que certas inimizades e agravos de natureza particular não deixassem de ter sua influência nesses diversos movimentos e mutações de cenas. Os bacuraus, poucos mas ilustrados, segundo eles próprios diziam, se destacaram dos cangambás, e fizeram causa comum com os morossocas, com quem pouco antes tinham andado em guerra acesa; e os jaburus, que de há muito não davam sinais de vida, a ponto de ser matéria controversa se eles existiam ou não, fizeram por aqueles tempos ato de ressurreição, e arrebanharam partidistas, novos pela maior parte, ou conhecidos por haverem figurado sob diversos nomes e bandeiras, e que então asseveravam haver sido sempre bons e fiéis jaburus, do verdadeiro e puro sangue jaburu que circulava nas veias de suas excelências os senhores ministros de Estado. Mas os cangambás, que pouco valiam antes da cisão bacurau, é certo que quase nada com ela perderam, porque também dos jaburus e morossocas se destacou alguma gente à formiga e em pequenos grupos, e vieram escorar o seu mal seguro edifício, atraídos pelas promessas costumadas de empregos, patentes e candidaturas, que são o apanágio dos partidos governistas, e fatigados ao mesmo tempo do mister pouco lucrativo de oposicionistas.

JORNAL DE TIMON

Estes diversos partidos tinham conseguido resolver problemas dificílimos, como o de se acharem todos em espantosa minoria, e de se fazerem guerra violenta apregoando e aparentando os mesmos princípios, e o de sustentarem a administração central combatendo o seu delegado. Em algumas outras ocasiões porém se tem dado a anomalia oposta, qual a de sustentarem o presidente, combatendo o governo que o mandou e sustenta.

Em geral os nossos partidos têm sido favoráveis ao governo central, e só lhe declaram guerra quando de todo perdem a esperança de obter o seu apoio, contra os partidos adversos que mais hábeis ou mais felizes souberam acareá-lo para si. Desta quase universal pretensão e dura necessidade de agradar ao governo resultam às vezes as situações mais embaraçosas, complicadas, cômicas e risíveis. Os pobres chefes fazem os mais estupendos esforços, dão saltos mortais, equilibram-se nos ares, e inventam uma algaravia vaga e banal com que possam, conciliando o passado com o presente, mascarar a infâmia da sua apostasia, e a humilhação da sua subserviência.

Qual diz que todo o seu empenho é manter a ordem (ou a liberdade, por exemplo) e nada mais; qual se erige em campeão exclusivo de uma coisa vaga e indeterminada a que chama a *dignidade da província*; qual enfim declara que na

126

província não há nem houve em tempo algum partidos políticos, reduzindo-se toda a contenda a ciúmes e ódios de família, que entre si pleiteiam a preponderância nos negócios; e termina por afiançar ao ministério ou ao presidente que pode dispor dele e dos seus, como for mais do seu agrado, e melhor convier, a bem do público serviço.

Quando o excelentíssimo senhor Bernardo Bonifácio, importunado das recíprocas recriminações e dos indefectíveis protestos de adesão e apoio destes ilustres chefes, os interrogava ou sondava apenas, respondiam eles cada um por seu turno: — A divisa dos cangambás é Imperador, Constituição e Ordem. — Os morossocas só querem a Constituição com o Imperador, únicas garantias que temos de paz e estabilidade. Os jaburus são conhecidos pela sua longa e inabalável fidelidade aos princípios de ordem e monarquia: o Brasil não pode medrar senão abrigado à sombra protetora do trono. Vêm os bacuraus por derradeiro, e dizem: Nós professamos em teoria os princípios populares; mas somos assaz ilustrados para conhecermos que o estado do Brasil não comporta ainda o ensaio de certas instituições. Aceitamos pois sem escrúpulo a atual ordem de coisas, como fato consumado, uma vez que o poder nos garanta o gozo de todas as regalias dos cidadãos. Estamos até dispostos a prestar-lhe a mais franca e leal cooperação.

JORNAL DE TIMON

O que fica dito acerca dos partidos sirva para a sua introdução na cena eleitoral; para o diante acharemos ocasião de apreciá-los mais de espaço e assento. Cumpre agora esboçar algumas das figuras mais preeminentes e características que aparecem à testa deles.

Algumas, diz Timon, porque em verdade não cabe nas suas minguadas forças traçar e estender nesta grosseira tela quantos naquele tempo aspiravam à graduação e honras de chefes e diretores dos diversos grupos, pois sucedia com eles quase o mesmo que na guarda nacional, onde o número dos oficiais compete com o dos soldados, se lhe não é superior. Nestas delicadas circunstâncias o benigno leitor compreenderá otimamente que um dos privilégios e encargos do escritor é a necessidade e a liberdade de escolher no meio dessa infinda e variada raça de candidatos e pretendentes.

Eis aqui o doutor Afrânio, um dos chefes mais consideráveis do partido cangambá! Talvez por uma simples precedência de idade, o distinguiu e escolheu seu pai para ir formar-se a Olinda,[59] preteridos os irmãos mais moços, bem que todos mais favorecidos que ele pela natureza. Mas co-

---

[59] *Ir formar-se a Olinda*: em Olinda ficava uma das duas faculdades de direito da época. Formar-se em direito era o primeiro passo para uma carreira política.

128

PARTIDOS E ELEIÇÕES NO MARANHÃO

mo o nosso futuro doutor nem por isso houvesse brilhado
muito no estudo das disciplinas que se professam no liceu
provincial; e corresse de plano que os exames dos preparatórios seriam aquele ano bem rigorosos na academia de
Olinda; o bom do pai, depois de pôr a tratos a imaginação,
fantasiou por fim uma aguda traça com que veio a conseguir livrar o esperançoso jovem da ignomínia de uma solene reprovação. O engenhoso expediente não podia contudo
ser mais simples, e consistiu em alongar-lhe um pouco a
viagem, fazendo-o chegar até a Bahia,[60] convidado pela fama de indulgência e caridade com que na academia de ·me-
dicina daquela província se costumava proceder aos exames
de preparatórios. O jovem Afrânio partiu daqui em janeiro,
sabendo muito pouco do francês, quase nada do latim, e
ainda menos de lógica e retórica; e nada obstante, em coisa
de dois meses adiantou-se ali de maneira que fez com plena
aprovação os seus exames de inglês, geografia, história e
geometria, e em tempo útil achou-se matriculado na imortal academia de ciências jurídicas e sociais, onde entre mui-

....

[60] *Chegar até a Bahia*: em Salvador ficava uma das duas faculdades de
medicina da época. Os exames preparatórios valiam para todas as escolas
superiores.

tos mancebos de mérito, é certo, se têm formado tantos outros, verdadeiros doutores à mexicana.

O exemplo aberto por este habilidoso estudante não ficou perdido; de então para cá muitos e respeitáveis chefes de família, cheios de paternal solicitude, têm mandado os filhos a Olinda, com escala pela Bahia, sem que daí todavia lhes resulte maior despesa, pois o governo da província, convencido da suma utilidade da rápida propagação das luzes, de que é grande protetor, concede generosamente o favor das passagens de estado a estes aproveitáveis estudantes, sempre que o seu colega do Pará tem a simplicidade de as deixar vagas, em atenção aos numerosos pedidos oficiais e oficiosos que daqui lhe são dirigidos para esse fim.

Quanto ao pai do jovem Afrânio, mal soube do prodígio devido aos ares da antiga metrópole do Brasil, e a sua feliz lembrança, exuberou de júbilo, encheu-se de orgulho e desvanecimento, e ficou ainda mais confirmado na esperança de que o rapaz viria a ser a glória e amparo dos seus cansados anos.

Este da sua parte dedicou-se de todo o coração a resolver o seguinte problema: obter o diploma de bacharel com o menor estudo, e com a maior despesa possível. Se o tempo não entrou na sua conta, foi porque os enfadosos cinco anos do curso acadêmico estão consignados nos respectivos estatutos; que a não ser isso, teríamos certamente reproduzida a maravilha dos preparatórios. Mas ao menos fez ele quanto esteve em si para suavizar os sensabores deste tempo de provação e desterro, passando-o nos bailes e teatros, ou a cavalgar ginetes, e guiar carros, fiados a crédito, emprestados ou alugados, e realizando quase a magnífica aspiração do bom La Fontaine, que desejava passar a metade do tempo a dormir e a outra metade a fazer coisa nenhuma.

Mangeant son fond avec les revenus.[61]

Com esta diferença, porém, que o nosso estudante não escrevia fábulas nas horas vagas, e devorava não o próprio patrimônio, mas o da pobre família. As distrações referidas e outras mais, os passeios ao Recife, durante as pequenas férias, e à província natal, nas grandes; as sedas, as casimiras variegadas, os relógios com cadeias de ouro, os perfumes e ungüentos, e outros infindos adornos e ingredientes indispensáveis à compostura de sua importante pessoa, fundiram durante estes gloriosos cinco anos passante de doze contos de réis, e ainda aqui não compreendo o que por lá ficou em dívidas. Valeu, para de todo não arruinar o pai, que, quan-

---

[61] *Mangeant son fond avec les revenus*: devorando o patrimônio junto com os rendimentos.

JORNAL DE TIMON

to a despesas ordinárias de moradia e comida, o rapaz as evitava, aboletando-se o mais do tempo em casa de colegas a quem nunca pagou a quota que lhe cabia nesse encargo; sem este louvável expediente, seria infalível a agravação do orçamento acadêmico. Não falo também dos livros, porque felizmente o doutor Afrânio não tinha a mania deles, e nunca com eles gastou dinheiro.

Passaram enfim aqueles prolixos cinco anos, ou melhor direi, cinco séculos, e o estudante que já de há muito acudia ao nome de doutor que graciosamente lhe liberalizavam amigos e parentes, viu-se realmente feito e formado bacharel em ciências jurídicas, sociais, econômicas *et cetera*. O pudor da história não permite revelar algumas baixezas empregadas para alcançar este glorioso resultado. Tampouco direi eu que a carta do doutor continha uma nota que a fazia denominar em linguagem técnica — *carta suja* —; e muito menos as horríveis tentações que lhe vieram de a falsificar, delindo essa nota fatal a sua glória. E a indulgência é aqui tanto mais cabida que os sapientíssimos lentes haviam prodigalizado cartas limpas a outros tais e quejandos, senão piores companheiros.

Imagine agora cada um os alvoroços com que a família esperava o doutor, o futuro deputado e presidente, o homem que pela importância dos empregos que havia de exer-

132

cer, e pelo magnífico casamento que havia de infalivelmente fazer, era considerado como a sua segunda providência. Todos os sacrifícios iam ser compensados, os manos em disponibilidade seriam aboletados nesta ou naquela repartição, as manas casariam todas vantajosamente... Pois bem! Salta o nosso doutor, e salta com ele uma senhorita de nariz arrebitado, de cor suspeita, e de um porte e maneiras que denunciavam uma educação equívoca. Era a digna esposa com quem o nosso doutor se havia recebido pouco antes da formatura, cujas dificuldades, dizem, tinham sido singularmente aplainadas com este casamento.

Não tenho aqui por fim pintar um quadro de família; por isso direi apenas que grande foi o desapontamento do pai quando viu tão desagradavelmente desvanecido o seu brilhante projeto de casamento rico; e que ao cabo de alguns meses, as exigências dos credores que procuravam a satisfação dos suprimentos feitos em Olinda, agora mais que duplicados com os juros, os amargos dissabores da pobreza, e a índole desabrida e insuportável da petulante pernambucana trouxeram desgostos e rixas domésticas a princípio, e logo depois tornaram indispensável uma separação. Eis aí em que deram as esperanças paternas, baseadas na formatura daquele filho predileto!

JORNAL DE TIMON

Pela primeira vez conheceu então o doutor Afrânio o que eram dificuldades financeiras, pois até aquele tempo vivera ele, rapaz solteiro, com larga tença ordenada pelo seu caroável[62] progenitor, sem pensar sequer nos sacrifícios que era indispensável fazer para o pôr em termos de sustentar a dignidade da sua pessoa e do seu nome. Agora porém, ao passo que se lhe aliviava a bolsa, sentia pesar os encargos da família, pois com a mulher lhe vieram os filhos. O doutor alugou um sobradinho, meia morada, e anunciou em diversos jornais que havia aberto o seu escritório de advogado, na rua tal, número tal, onde o encontrariam impreterivelmente das dez horas da manhã às três da tarde, nos dias úteis, todos os que quisessem honrá-lo com a sua confiança. Mas fosse conhecimento da sua incapacidade, ou capricho injusto da fortuna, poucos foram os que procuraram acolher-se à sombra protetora do seu patrocínio, e desses mesmos pouquíssimos os que pagaram o pouco trabalho que lhe deram a fazer.

Enfim, e quando tocava já a desesperação, pôde o doutor Afrânio conseguir um lugar de juiz municipal, à força de empenhos, e representando-se ao presidente, não o seu me-

---

𝄞 | [62] *Caroável*: carinhoso.

134

recimento, mas as necessidades que estava passando, e a família que tinha às costas. Entretanto, seiscentos a setecentos mil-réis que em ordenados e emolumentos lhe rendia o emprego eram apenas o terço da sua renda ordinária de estudante, e mal poderiam bastar para o verniz das suas botas. Como havia pois de satisfazer aos numerosos encargos de uma casa de família, aos seus gastos dispendiosos, e aos caprichos sem conta da sua cara-metade? Os empréstimos e as compras a crédito, é certo, adiam momentaneamente algumas dificuldades, mas essa veia seca por fim, e nem tudo se pode haver por semelhante meio. Um dia acudiu inopinadamente ao espírito atribulado do doutor a idéia de pôr a justiça em almoeda; mas, honra lhe seja feita, esse negro pensamento foi para logo banido com horror, que ainda então a política não o tinha libertado de certos escrúpulos e princípios, ou bebidos com a primeira educação ou gravados em sua alma pelo dedo do Criador. Até aquele tempo o doutor Afrânio era apenas um moço dissipado, devorado de precisões e cheio de pretensões, inimigo do trabalho e do estudo, e nada mais; mas por isso mesmo lhe não podia convir o ofício de juiz, que requer tanto trabalho e recolhimento, e não dava para as suas despesas. Aferrou-se pois à política como à sua derradeira tábua de salvação.

135

JORNAL DE TIMON

Como se tem visto, era destituído de talento e sobremodo ignorante; mas posto que inimigo do trabalho recolhido e solitário que requeria o estudo da sua profissão, era dotado daquela atividade inquieta e vaga que constitui uma das primeiras qualidades dos que se dão ao mister da política. O doutor Afrânio possuía em grau eminente o dom de reproduzir-se, e como na prática do mundo, e leitura dos jornais, tinha adquirido certo verniz exterior, e aprendido uma certa algaravia banal com que tanta gente adquire entre nós reputação; em pouco tempo estabeleceu extensas relações, correspondia-se com a província inteira, freqüentava os clubes e círculos mais importantes, era infalível em palácio, conversava com todo o mundo, discutia horas inteiras questões de partido e política, falava e entretinha a todos, e era redator-em-chefe do *Postilhão*, órgão principal dos cangambás, a cujo partido se havia ligado sem mais outra razão de preferência que a necessidade de pronunciar-se por algum dos muitos em que se dividia a província, para poder fazer o seu caminho.

Solicitado e absorvido assim pelas suas ocupações de partidista, o pio leitor poderá imaginar como iriam à revelia os deveres de juiz. O meritíssimo passava três meses cada ano na assembléia provincial de que era digno membro, e em licenças todo o tempo que lhe era possível obtê-las

136

PARTIDOS E ELEIÇÕES NO MARANHÃO

com vencimento. Se a isto juntarmos as muitas e repetidas partes de doente, que dava, ficará manifesto que a justiça era distribuída a maior parte do ano por juízes leigos e suplentes. Quando lhe era de todo forçoso entrar em exercício, falhava às audiências, ou comparecia nelas tarde e a más horas; comissionava o seu escrivão para inquirir testemunhas, retardava os feitos indefinidamente, e despachava-os afinal com precipitação e injustiça. Não se pode dizer que vendia as suas sentenças, mas transigia à conta das eleições, e como os seus escrivães eram muitas vezes os medianeiros e corretores das negociações, ou tinham pelo menos perfeito conhecimento delas, eis o nosso juiz posto também na dependência deles, e a administração da justiça reduzida a tal estado, que era mais que medíocre a confiança posta nela pelos litigantes, e pelo público em geral.

Quando era tempo de eleições, então pode-se dizer que todo o trabalho cessava, ou era uma simples e rápida formalidade; juiz, escrivães, beleguins, procuradores punham-se em campo a passar chapas, e não havia despacho que se negasse, mediante a aceitação de uma lista.[63]

....

[63] *Lista*: votava-se em listas ou chapas de candidatos formadas pelos partidos.

JORNAL DE TIMON

Eis o doutor Afrânio, e a sua vida até a época a que temos chegado. Na ausência absoluta de todo e qualquer merecimento real que o tornasse digno do menor elogio, era não obstante considerado uma personagem importantíssima, e todos diziam, falando dele, amigos, e ainda adversários: — *Ninguém imagina o que aquilo é.* — *É sujeitinho capaz de tudo.* — *É um homem de mil diabos.*

E Timon, bem longe de contestar a opinião e conceito em que o público o tinha, declara aqui nuamente para edificação da posteridade que o doutor Afrânio, homem sem talento, ignorante, madraço quanto às obrigações de um homem sério, vadio, dissipado, taralhão,[64] tagarela insuportável, político sem convicções e dignidade, oberado de dívidas, devorado de ambição e necessidades, já corrompido pelo sistema das transações a que se arremessara, era nada menos um dos principais chefes de partido nesta heróica província, em cujos destinos exercia decidida preponderância, ora hostilizando, ora dominando absolutamente os seus dignos presidentes. Como se fazia semelhante milagre, Timon o ignora.

....

[64] *Taralhão*: intrometido.

138

Fronte a fronte com o doutor Afrânio, andava o doutor Bavio, redator-em-chefe da *Trombeta* e luzeiro do partido morossoca, que tão desabrida oposição fizera ao senhor Anastácio Pedro.

Havia numerosos pontos de contato e semelhança no caráter, vida e feitos destes dois ilustres adversários; mas em alguns se distinguiam. A escolha de Bavio para doutor presidiu a mesma falta de critério que a de Afrânio, pois era sujeito de medíocre inteligência, de pouco felizes disposições naturais, e só à força de trabalho conseguia fazer alguma coisa. Bavio não fez o prodígio de estudar os preparatórios em um ou dois meses; ao contrário, ou porque se não aprontasse em tempo, ou porque desse faltas além do número legal, esteve em risco de perder um ano; valeram-lhe porém o governo e a assembléia geral que, rivalizando de zelo, nesta, como em tantas outras ocasiões, mandaram contar-lhe o tempo que passara como ouvinte, e apressaram com esta providente resolução a época em que a pátria utilizaria os serviços de mais este sábio de pergaminho.

Tornado a sua província, e desenganado de obter um emprego por meios pacíficos e de simples solicitação, o doutor Bavio arremessou-se na carreira da política e do jornalismo, onde desenvolveu uma tal elasticidade de princípios e de consciência, uma impudência tão cheia de candu-

ra e segurança, e um tão prodigioso talento para o insulto e
para a calúnia, que era o terror dos seus adversários, e objeto da admiração universal. Peregrinou por três ou quatro
partidos, sustentando as doutrinas e os interesses mais opostos, sempre com a mesma galhardia, serenidade e falta de
consciência. Ninguém sabia como ele adular e exagerar as
paixões, sentimentos e linguagem da facção a que momentaneamente e por acaso se achava ligado; não havia excesso
que não justificasse, crime provado que não negasse ou ate-
nuasse, infâmia que não atribuísse aos seus contrários. Este
miserável, que não tinha vida própria nem família, abusava
horrivelmente desta vantagem, ultrajando as alheias, e no-
tando ponto por ponto todos os erros e contradições inevitáveis em uma carreira longa e notável. O que mais desafiava a sua raiva aparente era o talento, a honra, o brio e a
superioridade em qualquer gênero; e era para ver o admirável sangue-frio com que manejava a intimidação, o sar-
casmo, o insulto ridículo e pungente, e os mais abomináveis aleives, contra os homens bem-nascidos e favorecidos
do céu, naturezas de ordinário suscetíveis, inquietas e fe-
bris, e cuja comoção nervosa é um delicioso espetáculo para o miserável que a provoca, e para toda essa imensa turba
de corrompidos que na difamação e quebra das reputações

PARTIDOS E ELEIÇÕES NO MARANHÃO

honestas e puras vêem uma compensação para o seu próprio descrédito.

Falei na raiva *aparente* do doutor Bavio; é porque ele empregava o louvor e o vitupério com a maior indiferença, e tão distante do ódio como do amor, reputando tudo como meros expedientes para chegar a seus fins. Os discursos que recitava, os artigos de jornais e cartas que escrevia aos amigos, as protestações de fé que fazia, eram para ele mesmo objeto de espirituosa zombaria. São frases tabelioas (dizia) e simples estilo de formalidade.

Este homem tinha-se tornado verdadeiramente temível, por ser superior a toda e qualquer correção e exprobação. Dir-se-ia uma espécie de Mitridates[65] a quem o hábito de tomar, destilar e propinar o veneno preservava já de todo o pernicioso efeito dele. Se lhe davam de rosto com algum dos muitos opróbrios da sua vida, ria-se, e replicava com outro maior de sua invenção. Um homem grave e honesto, pungido um dia por um ultraje cruel, deu-lhe publicamente com um chicote; no dia seguinte o doutor Bavio, reproduzindo no seu jornal todos os insultos da véspera, adicionou-lhes com

---

[65] *Mitridates*: refere-se a Mitridates VII, rei do Ponto, que se imunizou tomando venenos em pequenas doses.

141

JORNAL DE TIMON

rara intrepidez o epíteto de *covarde*! Para bem caracterizar a época, Timon deve acrescentar que nem esta audaz inversão de idéias e posições, nem a sanguinolenta afronta recebida e impunida fizeram desmerecer o doutor na consideração de que gozava; ao contrário, medrou em crédito e influência, ficou tido como um homem a toda prova, e não só dominava os seus admiradores e amigos, o que não era grande maravilha, senão que soube por vezes impor-se forçosamente ainda àqueles que o detestavam e desprezavam; porque, diziam, a tática e as conveniências do partido assim o exigem.

Chega agora a vez do doutor Bartolo. Que diferença entre este digno escritor público, e os dois que o precederam na nossa descrição! O jovem Bartolo estudou deveras, conseguiu formar-se sem fazer grandes despesas a seu pai, e sobretudo sem recorrer a baixezas e favores; pois o pouco ou muito que sabia, valia e representava, devia-o a si mesmo, isto é, à natureza e ao estudo. Devemos porém confessar que não era nenhum prodígio, posto que estivesse firmemente capacitado do contrário, e não se fizesse rogar para o dar a entender, ou dizê-lo claramente, a todo propósito e ocasião. O nosso doutor também havia já peregrinado por diversos partidos, mas esta instabilidade não era nele resultado de especulação ou de ausência absoluta de crenças, senão de uma certa flutuação de idéias e princípios que não

142

dependiam da sua vontade. Por outra, ele mesmo ignorava ao certo o que queria, e tudo, nas suas palavras e procedimento, era vago quanto aos fins a que atirava.

Não obstante, o doutor Bartolo se havia constituído o apóstolo exclusivo da moralidade pública, e bradava de contínuo contra a corrupção dos contemporâneos e a má-fé dos seus colegas, sustentando que só ele compreendia e exercia dignamente o sacerdócio da imprensa, essa poderosa alavanca da civilização, esse órgão legítimo dos verdadeiros interesses do país, essa rainha do universo, enfim, como lhe ele chamava na linguagem pomposa de seus artigos de fundo. E a cada um dos tais artigos que publicava, ei-lo na rua a observar e a gozar do seu triunfo, isto é, da sensação extraordinária que deviam necessariamente produzir na opinião. Nem sempre o doutor se contentava de escrever e publicar pela imprensa os seus escritos; muitas vezes os lia pessoalmente aos seus admiradores. Um dia surpreendeu-me ele descuidado, e fulminou-me à queima-roupa sem dó nem piedade com a leitura de um artigo que publicara havia oito anos, e tinha pela obra-prima da sua eloquência, no qual desenvolvia o único sistema capaz de salvar-nos do abismo.

O doutor Bartolo travava discussões quotidianas com os seus colegas, não só acerca dos homens, interesses e questões da quadra ou *atualidade*, mas também sobre a origem e or-

JORNAL DE TIMON

ganização das sociedades, a bem da ordem em perigo, ou em defesa da liberdade ameaçada. Era para ver então o como ele se escandecia[66] e lançava em rosto aos adversários o modo vergonhoso por que prostituíam o jornalismo, a miséria e estupidez dos argumentos a que recorriam, e sobretudo a escandalosa má-fé com que sempre guardavam as suas respostas para as vésperas da saída do vapor, a fim que este não levasse logo o contraveneno. O doutor Bavio, que lhe conhecia a balda, inventava às vezes uma anedota, ou atirava-lhe um remoque; e eis o nosso Bartolo, que, sem dar pela intenção maliciosa do contrário, ia a essas nuvens, escrevia uma longa defesa da sua vida e feitos, e invocava o testemunho do campo e da cidade, acerca da sua virtude, desinteresse, independência, amor à justiça, firmeza de caráter e invariabilidade de princípios.

Tínhamos assim algumas vezes, a par da imprensa partidária, interesseira, malévola e detratora por cálculo, a imprensa cândida e ingênua, e ninguém pode calcular a consumação enorme e inútil de papel e tinta que fazia só esta espécie particular.

---

[66] *Escandecia*: exaltava.

PARTIDOS E ELEIÇÕES NO MARANHÃO

O coronel Santiago era um ricaço, senhor de mais de trezentos escravos afazendados e de alguns prédios na capital, além de um par de contos de réis que trazia a juros de dois e três por cento ao mês e com boas hipotecas. Este nosso estimável compatriota tinha conseguido empregar três filhos, que tinha, como amanuenses e guardas da alfândega, e cobiçava para si mesmo um lugar de feitor ou de tesoureiro que o ajudasse a viver na cidade, onde as despesas, dizia ele, eram excessivas e insuportáveis.

A estas pretensões unia às vezes o pensamento vago de fazer-se eleger deputado ou ainda senador, e alegava consigo mesmo que para obter esses elevados cargos tinha os dotes mais essenciais, como era ser homem abastado, interessado na sustentação da ordem, e monarquista sincero e de coração. Mas esses vôos temerários da sua imaginação, o senhor coronel para logo os reprimia, parecendo-lhe que o que lhe pedia o coração eram sonhos impossíveis de realizar-se. A experiência porém fará ver que sua senhoria era sobradamente modesto.

O pobre do pretendente vivia entretanto a cortejar o seu partido, e não saía de palácio, sendo força confessar que os nossos dignos presidentes o recebiam com muita deferência, sem dúvida dominados pela importância da sua elevada posição social, quero dizer, pela sua riqueza, que, como se sabe,

JORNAL DE TIMON

é um grande elemento de ordem, e dá aos que a possuem o caráter, o nome e todas as virtudes de *homem de bem*.

Ninguém ignora que, quando foi despachado a governar aquela famosa ilha, escreveu Sancho a sua mulher: "Partirei em poucos dias, e saberás que vou com grandíssimo desejo de ajuntar dinheiro, pois a mim me dizem que todos estes governadores novos fazem o mesmo". Outro tanto não ousa Timon asseverar dos nossos governadores, mas em geral um presidente dobra o joelho ao bezerro de ouro onde quer que o encontra; a riqueza os ofusca, e se não é para eles o único, é seguramente o primeiro merecimento. *Virtus post nummos.*[67]

O comendador Saraiva era outro ricaço, mais limitado, e menos sólido que o seu amigo coronel, a quem até se dizia que era devedor de não pequena quantia a prêmio. Como porém costumava dar bailes e jantares, e possuía um elegante carro que sabia oferecer com graça, os presidentes lá iam ter, e com ser o senhor comendador um grande sandeu, não deixava por isso de ser também o melhor *empenho*[68] para suas excelências.

---

[67] *Virtus post nummos*: a virtude depois do dinheiro.

[68] *Empenho*: quebra-galho.

O coronel Pantaleão, obeso e grave, personagem no gênero do senhor Itobad do *Zadig* de Voltaire, vivia, como ele, enfatuado do seu grande mérito, sem poder atinar como é que a um mortal tão favorecido do céu em dotes pessoais e da fortuna tudo, não obstante, saía ao revés do que empreendia e desejava.

Sua senhoria havia afinal desgarrado para a oposição, mas durante muito tempo caprichara em fazer de imparcial, e à conta desse grande merecimento exigia da província e dos partidos votações espontâneas e conscienciosas, em toda e qualquer eleição que se oferecia. Os jornais motejavam já desta nobre imparcialidade, e no meio dos motejos, e na sucessão dos reveses, cada vez se desvanecia mais o prestígio deste grande nome provincial.

O senhor Quintiliano do Valle era um rapaz de vinte e cinco anos, dotado de grande atividade e robustez, ousado de ação e de palavra, próprio em suma para figurar em um golpe de mão eleitoral, à frente de um grupo de conquistadores de urnas. Já havia em duas eleições prestado os seus serviços a dois partidos opostos sem que nenhum os galardoasse, pois foi a empenhos particulares de dona Semíramis da Encarnação que obtivera depois disso um lugar de guarda da alfândega. Para tirar o título e fazer o fardamento do emprego, tomou dinheiro emprestado, que nunca mais pagou; e, julgando-se arranjado, casou-se com uma rapariga pobre, fundindo nos cortinados da cama, jacarandás e mais mobília, o valor de dois únicos escravos que tinha e vendeu, servindo-se daí por diante com uma negra alugada. Dentro de um ano achou-se com um filho, e começou a arrepender-se da *asneira* que tinha feito, como ele próprio dizia, até à sua cara-metade. Esta pela sua parte não andava muito satisfeita, pois nem o casamento lhe pareceu coisa tão apetecível como imaginara em seus sonhos de rapariga, nem as privações que já estava sofrendo, e a perseguição dos caixeiros que debalde lhe batiam à porta para cobrar as contas, eram muito próprias para fazê-la saborear o novo estado.

O ordenado do senhor Quintiliano era mesquinho, dois ou três contrabandos que passou deram pouco, o jogo que tentou, quase nada, pois reparando os parceiros que ele arrecadava os ganhos, e não pagava as perdas, o evitavam cuidadosamente. Entretanto era indispensável solenizar o batizado do pequeno com a decência que exigia o caráter da família a que pertenciam; e não houve remédio senão vender o emprego, vencendo nesta ocasião os conselhos da mulher, que, além daquela urgente necessidade a satisfazer, julgava não ficar-lhe muito bem ter um marido guarda da alfândega. Esta negociação produziu duzentos mil-réis, para logo barateados em toalhas de renda, e no baile do bati-

PARTIDOS E ELEIÇÕES NO MARANHÃO

zado. Disse-se então pela boca pequena que não era este o primeiro emprego que o senhor Quintiliano reduzia a dinheiro. Sem deter-me a averiguar este ponto, direi somente que, cessando a pouca renda que tinham, os dois esposos viram-se deveras salteados pela miséria; a mulher nunca mais apareceu em público, e o marido saía, sim, à rua, mas com uns sapatos esburacados e um paletó de cor problemática. O bom moço queixava-se amargamente das injustiças da sorte, que todas atribuía a ser filho do Maranhão, porque se fosse baiano ou *marinheiro*,[69] dizia ele, era impossível que já não estivesse arranjado. Como porém lhe prometessem um lugar da câmara municipal no açougue, logo que se realizasse o próximo triunfo eleitoral, o senhor Quintiliano se havia pronunciado de novo, e era de fato um dos mais exaltados e insolentes cangambás daquele tempo.

Esta heróica cidade de São Luís conhecia, admirava e sustinha mais em seus quadris as seguintes personagens:

O doutor Mevio, ajudante de campo ou de gazeta do doutor Bavio.

---

[69] *Marinheiro*: português.

JORNAL DE TIMON

O doutor Azambuja, juiz municipal do sertão do Quebra-Bunda, que estava pronto a fazer toda a qualidade de transações, contanto que o removessem para a capital.

O conselheiro Artur, uma perfeita nulidade, lembrado, não obstante, e efetivamente aproveitado para todos os empregos provinciais, nos quais nada fazia que luzisse e aparecesse.

O tenente-coronel Fagundes, o capitão Ricardo Décio, e o tenente Cadaval, cujo préstimo e aptidão já ficaram além esboçados, e eram certamente dignos de um pincel mais hábil.

Timon termina aqui esta pequena galeria, não simplesmente de contemporâneos, senão de personagens verdadeiramente históricas, e já do domínio do passado; e lisonjeia-se de que do estudo destes tipos ou modelos possam os presentes e os vindouros tirar lições proveitosas para as suas relações políticas e para a prática dos negócios em geral.

Era com tais partidos, e com tais chefes que tinha de haver-se o excelentíssimo senhor Bernardo Bonifácio. O governo não lhe havia positivamente recomendado que patrocinasse de preferência a nenhum deles, antes o ministro do império lhe dera claramente a entender que, uma vez que a ordem não fosse perturbada, dirigisse as coisas como bem lhe parecesse, e melhor conviesse aos seus interesses. Assim

150

que, o senhor Bernardo Bonifácio, depois de maduramente refletir e pesar o pró e o contra, tomou a sábia e cômoda resolução de permanecer imparcial no meio d'um povo de tão boa avença; e essa resolução manifestou-a ele por meio de circulares redigidas de um modo tão hábil, que para o diante, se as circunstâncias mudassem, de nenhum modo lhe pudessem servir de embaraço.

Essas circulares prometiam execução severa da lei, distribuição imparcial da justiça, e firmeza da primeira autoridade no centro dos partidos. Mas além dessa vaga e trivial fraseologia, sua excelência já em ofícios, já em conversações, mostrou particular empenho na extinção dos quilombos que infestavam certas paragens da província, e pelo seu incremento verdadeiramente espantoso traziam assustados os pobres lavradores, porquanto, dizia ele, nada lhe roubava tanto os cuidados como a agricultura que estimara ver erguida do profundo abatimento em que jazia. E nesse generoso intento, e para não limitar os seus benefícios a uma proteção meramente passiva, lembrava sua excelência a urgente necessidade de aproveitar os férteis areais do vasto município da Tutóia, com a cultura do palma-christi,[70] ar-

---

[70] *Palma-christi*: provavelmente a mamona de que se extrai óleo.

151

JORNAL DE TIMON

busto utilíssimo, que estava sendo um fecundo manancial de riquezas para os estrangeiros, que de tudo sabem tirar partido, e medravam a olhos vistos com os nossos descuidos e ignorância. Que era lástima que nós, muito mais favorecidos em terras arenosas, nos deixássemos vencer em indústria e atividade, consentindo que à nossa vista, e dentro dos muros da nossa própria capital, definhassem à pura míngua de grãos e outras substâncias apropriadas duas magníficas fábricas de extrair óleos, montadas aliás sob tão belos auspícios. Que na Europa já ninguém queria ouvir falar em gás, que este agente de iluminação estava a pique de ser destronado em todas as ruas e salões das principais cidades pelo óleo de palma-christi, cuja luz clara e radiante ofuscava e cegava; que os holandeses estavam tirando milhões do que lhes vinha das suas possessões asiáticas, sendo os javaneses principalmente consumados na sua fabricação e apuração.

Por cerca de dois meses, era este o tema obrigado das palestras do presidente; e por mais que os partidários lhe falassem em reparações, organizações, eleições, voto livre, sustentação da ordem, apoio ao governo, sua excelência, declinando tudo, aí vinha impreterivelmente com o perigo iminente dos quilombos, e com seu inapreciável óleo de palma-christi. Dentre os que pelas necessidades da sua posição eram obrigados a procurar e ouvir a sua excelência, uns imputavam as suas pregações a tática e ardil, outros a uma simples mania, e quais enfim a um sincero desejo de melhorar a decadente lavoura da província: todos convinham porém em que a coisa já cheirava a uma verdadeira maçada.

A oposição que mal se podia suster, atropelada pelas administrações anteriores, não encarou a princípio com maus olhos os projetos do presidente, pois quando menos lograva com eles uma espécie de trégua, em que podia respirar, mas como nem por isso a sua situação melhorasse, mantidas as coisas no *statu quo*, e adiadas sempre as reparações em que ela fazia todo o fundamento, e pelas quais tanto instava, já começava por fim a murmurar do óleo, e sobretudo contra os quilombos, pois que a pretexto de destruí-los, via que eram quotidianamente reforçados vários destacamentos, postos, como dantes, à disposição dos agentes policiais, seus adversários. O dia da eleição se aproximava...

Os cangambás, pelo contrário, já descontentes com a impolítica e inesperada demissão do senhor Anastácio Pedro, e acostumados à nobre franqueza deste exímio administrador, não podiam tolerar que o governo perdesse o tempo com o que eles chamavam frioleiras, e chegavam mesmo a suspeitar que esses pretendidos projetos de melhoramentos materiais encobriam algum plano funesto, urdido contra a sua legítima influência e predomínio. Por algumas

JORNAL DE TIMON

revelações fidedignas que muito depois me foram feitas, fui
informado de que um rompimento formal estivera iminente, e se não chegou a estalar, foi isso devido à prudência do
doutor Afrânio, e às meias palavras do tenente-coronel Fagundes, o valido e amigo particular de sua excelência, os
quais, cada um pela sua parte, e sob tons diversos, fizeram
ver que convinha, e era de rigorosa necessidade ter paciência e esperar; que um rompimento tão infundado e prematuro iria dar gosto aos contrários; que nem por isso havia razão de queixa, pois se o presidente não havia protegido o
partido por atos diretos e positivos, o deixava contudo nas
posições vantajosas em que o encontrara; que isso mesmo já
era uma grande desvantagem para os morossocas, que tamanhas esperanças haviam concebido com a mudança de presidente, e nada todavia tinham ainda alcançado; que se deixassem estar quietos por algum tempo, e não se haviam de
dar mal, pois os mesmos morossocas, cansados de esperar
em vão, não tardariam muito a *espocar*, e nesse caso não teria o governo remédio senão apoiar-se decididamente no
grande partido cangambá. E o senhor Fagundes acrescentava a meia-voz, e com ar de mistério — que o presidente tinha razão em contemporizar, que a primeira autoridade da
província não se havia logo decidir sem estudar o terreno, e
amaciar as coisas, mormente quando a demissão do Anastá-

154

cio em parte se atribuía a se haver ele tornado um partidário tão acérrimo; mas que ele Fagundes lhes assegurava que o presidente bem conhecia de que lado estava a maioria, e nunca certamente iria contra ela.

Estas considerações pesaram grandemente nos conselhos cangambás, porque, em derradeira análise, este grande e invencível partido bem conhecia que nada mais teria a esperar se o apoio do governo lhe fosse tirado e transferido aos seus contrários.

Assim, em vez do desgosto que resultara das primeiras impressões, os seus jornais e chefes entraram a afetar satisfação e segurança, abundando todos na linguagem do presidente, que até comprometiam, exagerando, e dando já a lavoura por bem e devidamente salva e próspera. Escreveram-se e dedicaram-se a sua excelência várias dissertações e memórias sobre o palma-christi em particular, e as substâncias oleaginosas em geral; e tendo vagado um lugar de tesoureiro por aqueles tempos, o coronel Santiago pôs-se em movimento, e deu ares e mostras de querer transferir uma de suas fazendas de Guimarães para a Tutóia, porque a cultura da mandioca e da cana o tinham quase reduzido à ultima miséria, segundo dizia. O entusiasmo por fim subiu a tal ponto, que já se não falava e escrevia de outra coisa, senão do palma-christi, do seu óleo maravilhoso, das riquezas

JORNAL DE TIMON

que a província devia colher da exploração desta mina, e da necessidade de nos darmos mais à indústria do que à política, objeto até então exclusivo das nossas mal dirigidas atenções e estéreis discussões.

Deste modo conseguiu o senhor Bernardo Bonifácio atravessar incólume os primeiros meses da sua gloriosa administração, entretido o público dos partidos com esta pelo menos inocente diversão, e sua excelência com os bailes e jantares que os notáveis das facções adversas, bem como os neutros e imparciais, lhe ofereciam alternadamente e à porfia. Infelizmente esta lua-de-mel não podia aturar por toda a eternidade, e o nosso doge provincial bem depressa e à sua própria custa teve de conhecer que não há desposórios que não andem sujeitos a camarços[71] e dissabores de todo o gênero.

----

[71] *Camarços*: desgraças.

156

JORNAL DE TIMON

4

Última mão de recrutamento — Candura de presidente —
Rompimento — Polêmica — Os pequenos jornais — Uma voz
do outro mundo, ou a candidatura do senhor Anastácio Pedro.

Deu-se por último o fatal rompimento, e as causas ime-
diatas que o determinaram foram as seguintes. A corte ex-
pedira ordens apertadas para o recrutamento, e os cangambás, que haviam conservado todos os cargos de polícia, se
deram pressa em aproveitar o pouco tempo que restava antes da sua suspensão eleitoral, passando a mão nos poucos
patuléias que restavam aos diversos grupos contrários de bacuraus, morossocas e jaburus. Aconteceu, como sempre,
que ao passo que eram recrutados alguns homens laboriosos
e honestos, e mesmo alguns chefes de família, a quem se
não dava quartel, pelo só fato de pertencerem a partidos ad-

JORNAL DE TIMON

versos, eram poupados quantos vadios, réus de polícia e
malfeitores se abrigavam sob a bandeira dos recrutadores.
Eram poupados, bem entendido, momentaneamente, e
porque as eleições batiam à porta; passada a crise e a necessidade do cacete auxiliador, outro acordo se tomaria.

Os recrutados eram imediatamente seqüestrados e aferrolhados nos calabouços militares e porões dos navios de
guerra, postos incomunicáveis, e sob a ameaça da chibata; e
os seus amigos e famílias só vinham no conhecimento do
sucesso ao cabo de alguns dias, por darem falta deles, e pela publicidade, rumor e aparato com que a medida se exe-
cutava em grande.

As diversas oposições se agitaram em presença deste extraordinário movimento, e os respectivos chefes se dirigiram
a palácio, munidos de documentos, não só a representar
contra o modo acerbo e aterrador por que o recrutamento
se fazia, como a reclamar a soltura dos indivíduos isentos do
serviço, em virtude de profissões, estado civil, moléstia, ou
idade avançada. Sua excelência respondia com o sorriso nos
lábios e com uma afabilidade encantadora que sentiria muito se as violências argüidas fossem verdadeiras, que ia incon-
tinenti proceder às necessárias averiguações, que os delinqüentes seriam punidos, que em todo caso ficassem certos
que as suas ordens não eram aquelas, e neste ponto lhes

PARTIDOS E ELEIÇÕES NO MARANHÃO

mostrou a circular expedida, onde positivamente recomendava a maior moderação nos meios, e o maior escrúpulo na escolha e apreensão dos recrutas. E acrescentou que, quanto aos indivíduos isentos, mais que ninguém sentia ele não lhes poder valer, pois haviam já assentado praça, visto que nos três dias que a lei lhes facultava para justificarem os seus motivos de isenção nada absolutamente haviam reclamado, e que já agora só lhes restava recorrerem ao governo imperial, por intermédio dos seus respectivos comandantes.

O leitor judicioso poderá fazer idéia de como ficaram os ilustres chefes oposicionistas com esta cândida apologia presidencial; saíram de palácio ardendo em furor, e bem resolutos a começar a guerra, visto que da paz já nada se prometiam. Não que eles fizessem o menor caso dos pobres-diabos colhidos nas redes do recrutamento, os quais sacrificariam sem hesitação, e de muito bom grado, se nisso lhes fosse qualquer vantagem; mas porque no mesmo recrutamento, no mau sucesso da reclamação, na conservação e insolência dos recrutadores, viam provas irrefragáveis da parcialidade da presidência. Em vão sua excelência, que não queria tão cedo ver-se privado dos cômodos da sua posição anterior, despachou-lhes o prestimoso Fagundes; debalde andou este de casa em casa representando os inconvenientes de um rompimento inqualificável com um presidente que os não hostilizava, e estava firmemente resoluto a fazer respeitar os

159

JORNAL DE TIMON

direitos da oposição nas próximas eleições. Pois não viam que o senhor Bernardo Bonifácio não tinha continuado a dura perseguição dos seus antecessores? Qual era o ato direto e pessoal de sua excelência de que se podiam queixar? Queriam porventura que contra as instruções do governo, contra os conselhos da prudência mais vulgar, tivesse ele procedido de chofre a uma inversão geral, desfazendo tudo quanto haviam praticado as três administrações anteriores? Esperassem mais algum tempo, e talvez muito breve se convencessem das boas intenções de que se achava animado o excelentíssimo senhor Mascarenhas.

Todos estes argumentos desfecharam em vão, porque além da longa exasperação de partidos há tanto tempo oprimidos, que em vez das reparações que reclamavam só viam novas perseguições, aconteceu que por aquele tempo chegasse da corte a nomeação do doutor Afrânio para o lugar de secretário da presidência. Não houve quem não atribuísse o despacho à recomendação secreta de sua excelência, principalmente o doutor Bartolo, que havia por meios indiretos solicitado o cargo para si; e que naquela ocasião, já identificado com a oposição, clamou que se o tivessem ouvido a ele, a guerra ter-se-ia declarado logo desde o momento em que sua excelência entrou a tergiversar, recusando demitir os agentes policiais da facção que oprimia a província.

160

O que porém acabou com todas as hesitações foi o rumor vago que então se derramou de que sua excelência se bandeara, em virtude de recomendações positivas do ministério a quem a deputação cangambá, numa perigosa crise parlamentar, impusera essa condição como preço dos seus votos, que o fracionamento da maioria tornara decisivos.

A *Trombeta* publicou então o seguinte eloqüentíssimo artigo: "Faltaríamos ao mais sagrado dos nossos deveres, trairíamos os interesses da província que nos viu nascer, e a confiança que em nós deposita o grande partido morossoca, se hoje não erguêssemos nossa débil voz para declarar alto e bom som que a província não melhorou com a mudança de pessoa, e continua debaixo do mesmo sistema de opressão das presidências transatas. Sim, impossível, e mesmo criminoso, fora dissimular por mais tempo; o excelentíssimo senhor Montalvão de Mascarenhas entregou-se nos braços da facção imoral que perdeu os seus antecessores! O violento e feroz recrutamento que assola a província inteira; a nomeação dos chefes da facção para os cargos mais importantes; o desprezo com que sua excelência, surdo aos clamores da opinião pública, trata as mais bem fundadas queixas contra a sua política de assassinos[72] e salteadores, tudo pro-

---

 | 72 *Política de assassinos*: provavelmente "polícia" de assassinos.

va que os calamitosos tempos dos Anastácios e Simões vão recomeçar, tudo prova que a grande maioria da província vai mais uma vez ser exposta às vinganças, protérvia, e malvadez dessa facçãozinha ridícula, dessa minoria imperceptível, por quem sua excelência se tem deixado cavalgar!

"Mas não se engane o senhor Bernardo Bonifácio com a longanimidade do partido da ordem; ele sabe aliar os seus deveres com os seus direitos, ele saberá ocupar o seu posto de honra, e se sua excelência não arrepiar carreira, aceitará com dignidade a luva que tão loucamente se lhe atira.

"É desgraça sem igual que os delegados, nesta província, do governo imperial desconheçam de um modo tão miserável as verdadeiras influências dela, para entronizarem por meio de violências e transações vergonhosas um pugilo de garimpeiros que sem o apoio do governo nunca valeriam coisa alguma."

O *Pregoeiro* abundou no mesmo sentido, e concluiu do seguinte modo: "É muito, senhores da governança, é muito abusar da dignidade do partido bacurau! A paciência do povo tem limites, e ai daqueles que desconhecerem este asserto de eterna verdade! Há um quarto de século que o povo foi chamado a tomar parte no banquete social, e desde então até esta funesta atualidade que os seus direitos são sofismados, sua nacionalidade ofendida, sua dignidade calcada

PARTIDOS E ELEIÇÕES NO MARANHÃO

aos pés. Oh! Cumpre pôr um paradeiro a tais desmandos! Tremei do dia da vingança! Quando soar a hora fatal no relógio dos séculos, este povo tão dócil, tão pacífico, tão sofredor erguer-se-á como um só homem, e arrojará à cabeça de seus vis opressores, feitos em mil pedaços, os ferros ignominiosos com que inda hoje se vê manietado!".

O doutor Bartolo escreveu dois artigos, modelo de argumentação e eloqüência jurídica, nos quais, com as instruções de 10 de julho nas mãos, e mais leis e avisos a *respeito*, provava as numerosas ilegalidades praticadas com a prisão e recrutamento de tais e tais indivíduos.

O *Postilhão* respondeu a todos pelo seguinte modo: "Verificaram-se enfim nossas previsões! A facção dos insaciáveis, acompanhada dos seus inseparáveis rabo-levas,[73] acaba de romper com o excelentíssimo presidente da província, pelo modo mais insolente e inqualificável. Os pretextos para a celeuma que levantaram fundam-se no recrutamento a que se está procedendo, e na acertada nomeação do nosso distinto amigo e correligionário, o senhor doutor Afrânio, para o cargo de secretário da presidência.

---

[73] *Rabo-levas*: palhaços, títeres.

163

JORNAL DE TIMON

"Não é de hoje que lamentamos o tributo de sangue que nossa população é obrigada a pagar, e o modo como se faz sua percepção, sem dúvida pouco consentâneo às luzes do século; porém que fazer em face das emergências extraordinárias da atualidade? Não é por sem dúvida quando nos está iminente uma guerra estrangeira; não é quando a fera da anarquia, solapando as bases da sociedade, ameaça talar nossos campos, que se há de preterir interesses tão vitais para cuidar-se na confecção de um código regulador do recrutamento, que aliás muito e muito desejáramos ver plantado no meio de nossas instituições. A ninguém mais compungem do que a nós os rigores de tão pesado tributo; mas os senhores morossocas e companhia, que na atualidade tanto gritam contra ele, por que o não regularam de um modo mais convinhável no fatal quatriênio de seu ominoso domínio? Ah! é porque então estavam ocupados em chupar as tetas das vaquinhas gordas, e nem um momento podiam dispensar em favor do pobre povo, sempre vítima da sua prepotência, quando no poder, e de suas instigações anárquicas, quando na oposição! Quem vos não conhecer, que vos compre, senhores liberais de encomenda!

"Quanto ao procedimento de sua excelência neste negócio, podemos asseverar que tem sido o mais franco e justiceiro, honra lhe seja feita. Ele há recomendado o maior es-

164

crúpulo no recrutamento, mas sempre que acontece ser preso por engano algum indivíduo isento pelas leis vigentes, é pronto em dar ordem de soltura, uma vez que o recrutado no prazo legal apresente documentos, ou pessoas amigas da ordem que comprovem suas isenções.

"Mas os pobres recrutados que uma dura necessidade social obriga ao serviço não passam de meros pretextos para os nossos fidalgos oposicionistas; a verdadeira espinha que trazem atravessada na garganta é a nomeação do nosso amigo o doutor Afrânio, que a província inteira adora; e de quem esses indignos não desconhecem suas belas qualidades, seu caráter sisudo, sua honradez e valiosos serviços. Infelizmente o senhor doutor Afrânio não sabe pactuar com a imoralidade; e eis o motivo da descomunal ojeriza que lhe votam os nossos garimpeiros políticos, tão fáceis em atassalhar tudo o que é honra e merecimento, todos os que não comungam suas idéias.

"O excelentíssimo presidente da província há sido alvo de iguais sarcasmos e doestos, porém nimiamente honrado e prestigioso, escorado em uma ilustração adquirida por meios legítimos, e revestido de um caráter sério e respeitável, está ele acima de tais imputações, e em posição de votar ao merecido desprezo os venenosos latidos desses imundos e ridículos pigmeus.

JORNAL DE TIMON

"Conheça sua excelência que razão tínhamos para o prevenir contra o canto da sereia e as adulações dos vis foliculários que hoje o detratam; de há muito conhecemos os partos de estratégia a que estão habituados, e como de repente passam da mais fedorenta bajulação para as mais porcas arrieiradas. Entretanto o digno administrador deve felicitar-se por um tal resultado, que lhe redobra a estima dos homens de bem, e cada vez mais desconceitua a infame roda diretora da pandilha.

"Outro ofício, meus senhores; as bichas[74] já não pegam; vossos meios já são muito conhecidos. Melhor fora que cônscios da vossa nulidade, e da abjeção em que tendes caído, vos remetêsseis ao olvido, para de algum modo fazer esquecer vossos feitos. Talvez então a província, ilustrada e generosa como é, vos perdoasse os tresloucados planos que por tantas vezes tendes debalde forjado contra sua prosperidade, e vos entregasse ao desprezo, de que unicamente sois dignos."

O respeitável público que admirou o estro abundante, o estilo colorido, e o apropriado dos termos e figuras que brilhavam neste artigo, nenhum sinal de estranheza mani-

---

[74] *Bichas*: sanguessugas, que se usavam medicinalmente.

166

PARTIDOS E ELEIÇÕES NO MARANHÃO

festou quando soube que era da lavra do insigne doutor
Afrânio que a si próprio se barateava tantos elogios; e em
verdade nada tinha que estranhar, pois sabida coisa é como
nesta boa terra se segue tanto à risca a famosa máxima: *Cada um por si, e Deus por todos*. Quem aqui se empenha na
política, e aspira a qualquer cargo, ou às honras populares,
já sabe como tem de haver-se, e que há de fazer de procura-
dor *in rem propriam*;[75] pede, solicita, oferece-se, defende-se,
barateiam-se elogios, tudo por si, e para si. Se encruzar os
braços, à espera que os amigos saiam e punam [sic][76] por ele,
ou que o país, grato aos seus serviços, ou subjugado pelos
seus talentos, o galardoe espontaneamente, não direi que ficará sempre fraudado em suas esperanças, mas receio que
pouco se adiante na carreira.

Seja como for, o ataque da *Trombeta* e do *Pregoeiro* e a
defesa do *Postilhão* assinalaram uma nova situação, e força-
ram o senhor Bernardo Bonifácio, muito contra seu gosto,
a sair da posição dúbia e cômoda em que até então pudera
conservar-se. Daí por diante, e à proporção que crescia o ardor dos partidos em luta, notou-se que ele falava menos em

[75] *In rem propriam*: em causa própria.
[76] *Punam*: pugnem.

JORNAL DE TIMON

quilombos e palma-christi, até que já por fim não proferia mais palavra a tal respeito, se bem que os seus injustos adversários, com repetidos e pungentes epigramas, se esforçavam quanto podiam para avivar-lhe a lembrança de tão gloriosos projetos. Até os seus escrúpulos de legalismo e imparcialidade foram gradualmente perdendo aquela primitiva e indomável rigidez, com que sua excelência tapava a boca aos mais exigentes; os cangambás já iam obtendo hoje uma, amanhã outra medida, sem haverem mister usar de ambages[77] e circunlóquios, como nos primeiros dias de hóspede; falava-se crua e nuamente em nome e nos interesses do partido, e era às vezes o próprio senhor Mascarenhas quem lembrava esta demissão, e aquela nomeação, como meio de alentar a sua gente, e de refrear os desmandos da oposição. Quem o acreditara? Nos últimos tempos, o palácio da presidência tomou as aparências de um clube tumultuoso, a concorrência quotidiana era extraordinária, não havia chefe ou influente que se não julgasse com direito a invadir a secretaria e ditar ordens aos respectivos oficiais, e tal havia que ali mesmo, à vista de todos, minutava ordens,

[77] *Ambages:* rodeios.

portarias, instruções, demissões, nomeações, e as levava a sua excelência, que assinava sem replicar.

É fácil imaginar como a pobre patuléia antigovernista seria dizimada, quintada,[78] ou antes recrutada em massa. As demissões, é certo, não se deram em massa, por já não ser possível, pois as sucessivas depurações a que haviam procedido o senhor Anastácio Pedro e seus dignos antecessores, rarefazendo as fileiras contrárias, tinham singularmente suavizado a tarefa do excelentíssimo Mascarenhas nesta parte; mas, honra lhe seja feita, houve-se com tal decisão e firmeza na última revista do pessoal amovível, que um só adversário lhe não escapou, e já por fim o furor de demitir não poupava os próprios partidistas acusados ou simplesmente suspeitos de frouxidão e tibieza. As declarações de incompatibilidade faziam o seu ofício com a costumada elasticidade, e como as exigências variavam segundo as localidades, sobre o mesmo e idêntico assunto ia uma decisão para Sangra-Macacos, e outra diversa para Quebra-Bunda, havendo todavia o cuidado de enredar as questões, e envernizar a linguagem de modo tal, que as aparências ficassem salvas quanto fosse possível.

[78] *Quintada*: sorteada (para o serviço militar).

JORNAL DE TIMON

Sua excelência, como já observamos, não replicava coisa alguma, nem o doutor Afrânio e consócios lho consentiriam; mas impossível era tolher que cismasse no seu foro interior, e no silêncio da resignação volvesse olhares saudosos e tristes para os tempos felizes em que ao seu descanso e independência se juntava a adulação universal. Os bailes e jantares haviam cessado; o espantoso expediente diário, as marchas e contramarchas dos destacamentos, a recepção e expedição dos correios civis e militares lhe absorviam todos os momentos, e o traziam de contínuo aflito e extenuado, sobre agravarem os seus antigos e habituais achaques. De um lado, a oposição em furor; do outro a turba governista exigente, esfaimada, insaciável, implacável, incessante: era um verdadeiro beco sem saída. A menor hesitação poderia perdê-lo, porque, no ponto a que as coisas tinham chegado, a oposição acesa em ódio não quereria, e já sobremodo fraca não poderia, inda que quisesse, sustentá-lo contra a prepotência da facção contrária, que ele próprio engrandecera e exaltara. Nestas circunstâncias sua excelência aceitava a sua posição, redobrava de energia, e suspirava pelo momento em que munido do diploma de deputado pudesse ir na corte lograr o fruto de suas gloriosas fadigas.

E tinha razão; a má vontade e cólera da oposição já não respeitava consideração alguma, e sua excelência era tratado

PARTIDOS E ELEIÇÕES NO MARANHÃO

nos seus jornais por modo tal, que por vezes esteve a ponto de arrepender-se de haver aceitado uma nomeação que aliás recebera com tanto alvoroço e esperança.

O *Pregoeiro* dizia: "Depois que meteu o pescoço debaixo da canga, o nosso excelentíssimo tem-se completamente esquecido do seu mimoso palma-christi, nome pomposo com que sua excelência quis enobrecer a sua borra de carrapato, pensando que os maranhenses eram tolinhos para se deixarem prender nessas teias de aranha, e verem impassíveis seus tresloucados planos. No mesmo desprezo caíram os quilombos, que a princípio serviram de pretexto para reforçarem-se os destacamentos nos distritos onde a oposição prepondera decididamente. Sua excelência já nem fala em tais quilombos, hoje mais numerosos e audazes que nunca; já não precisa de pretextos para cobrir a província de soldados; a sua impudência, o seu defaçamento é tal que assevera de público que há de levar a oposição e a maioria da província à baioneta! Mas quanto se engana o senhor Bernardo, se presume que os maranhenses se deixarão bigodear; ou se esse vil escravo da infame ralé que enxovalha a nossa bela e infeliz província executar sua ameaça, e conhecerá, mas tarde, o abismo a que o acarretaram seus detestáveis conselheiros!".

E o *Bacurau*, periódico de pequeno formato, que apareceu por aqueles tempos, anunciava "que sua excelência ia

171

cada vez a pior das suas macacoas.[79] O mestre Benedito bar-
beiro arrancou-lhe a semana passada o último dente; esta
importante operação tornou-se indispensável, porque o
cheiro que lançava a boca era já insuportável. A chaga da
perna está em um estado verdadeiramente lastimoso; sua
excelência só experimenta algum alívio banhando-a com
cozimento de palma-christi (vulgo carrapato branco). O encarregado dos lavatórios, o digníssimo alveitar-ferrador[80]
Cadaval, que sua excelência nomeou capitão da guarda
nacional, tem desempenhado este importante mister com
uma perícia superior a todo o elogio. Mesmo no estado em
que se acha, berra o senhor Bonifácio que há de dar cabo de
toda a geração dos morossocas, bacuraus e jaburus. Pum!".

A *Lagartixa*: "Desapareceu ao doutor Afrânio um bode
pardo, catinguento, e chifrudo, natural do rio de São Francisco, tem uma bicheira na perna, e ia montado por um
Postilhão. Quem o apanhar e levar pelo cabresto a seu dono,
na secretaria do governo, será gratificado com um quartilho
de óleo de palma-christi".

---

[79] *Macacoas*: mazelas.

[80] *Alveitar-ferrador*: ferrador e curandeiro de animais.

172

O *Chicote*: "Sua excelência experimentou no domingo algumas melhoras, e foi passar o dia ao sítio do seu prestável e pacientíssimo amigo Fagundes. Consta que sua excelência comera com bastante apetite, especialmente um pastel preparado pelas delicadas mãos da senhora do pachorrento tenente-coronel, a excelentíssima dona Arsênia, e composto dos ingredientes seguintes: *ramela, monco de simonte,*[81] *chulé dentre os dedos dos pés, fécula animal, e manteiga de dentes.** O senhor Bernardo lambeu os beiços. Infelizmente sobreveio-lhe à noite uma indigestão, e teria espichado a pútrida carcaça, se não fosse o desvelo e caridade com que em suas ânsias o trataram à porfia os ilustres hóspedes.

"A respeitabilíssima senhora dona Urraca (continuou o mesmo periódico em outro artigo) depois do estrondoso baile que deu a sua excelência, sentiu-se gravemente incomodada de náuseas, e certas afecções no ventre. Consta-nos que se retira para sua fazenda a tomar águas férreas, e assevera o seu esculápio que a moléstia não lhe durará menos de nove meses. Sua excelência, o Bernardo, fica inconsolável, mas de esperança."

---

[81] *Monco de simonte*: melado de tabaco.

* Textualmente copiado. (N. A.)

JORNAL DE TIMON

O *Ferrão*: "Olé! Vai sair à luz maranhense (é uma luz de óleo de palma-christi) o *Auxiliador da agricultura*. Terá por emblema uma besta sendeira carregando em uma cangalha dois mui grandes caçuás,[82] cheios de esterco popular, e sementes ou grãos de carrapato.*

"Coçando-se-lhe o lombo com jeito, e dando-se-lhe dois assobios flauteados, não há melhor besta de carga do que dom Bonifácio; consente cangalha, albarda, chicote, espora, tudo quanto lhe queiram botar. Que apreciável animalejo!**

"Senhor redator — Um dia destes, passando eu pela praia do Desterro, tive uma dor de barriga, e agachei-me, depois olhando em derredor, vi um papel largo, todo *sujo*; o caso era apertado, e fui a ele. Passo-lhe a mão, e no ato de levá-lo... leio em letras grandes — POSTILH... Não pude mais; o diabo do papel transformou-se em um enxame de cabas ou maribondos, que não tive tempo senão de correr com as calças nas mãos. Peste, que nem para isto serves!

---

[82] *Caçuás*: balaios.
* Copiado quase textualmente. (N. A.)
** Idem. (N. A.)

174

PARTIDOS E ELEIÇÕES NO MARANHÃO

Olhe, senhor Bacurau, dou-lhe de conselho que não toque naquele chapim,[83] pois fede mais que um cangambá!*

"O senhor doutor Afrânio dá um doce a quem lhe apresentar documento autêntico que prove o grau de parentesco em que ele se acha para com uma negra que foi escrava do avô do senhor coronel Pantaleão. Sua senhoria está requerendo uma comenda, e por isso cuida de coligir seus títulos de nobreza.

"Pergunta-se ao senhor Fagundes, por que razão se desmanchou o casamento da sua querida mana Sabiá com o doutor Azambuja? Seria por causa dos fantasmas que faziam aparições no telhado? Sua senhoria ignora o ☞ *fundamento da coisa*!"

Timon protesta de novo a seus leitores que nestas diversas citações continua a guardar a mais escrupulosa fidelidade, pois todo o seu propósito é dar exatamente a conhecer os nossos costumes políticos, e o papel que faz a imprensa, no meio destes debates. Os artigos apresentados são pela maior parte extraídos dos jornais da oposição, que nas épocas de maior efervescência blasonam de mais animados e espirituosos; mas ninguém creia que o governo e os do seu

---

[83] *Chapim*: sapato de mulher.

* Copiado quase textualmente. (N. A.)

175

JORNAL DE TIMON

partido desdenhassem o emprego de instrumentos semelhantes: o *Bumba*, o *Faísca*, o *Curica*, e o *Badalo* sustenta-
vam um fogo cruzado com a *Lagartixa*, o *Ferrão*, o *Chicote*
e o *Papa-mosca*, bem que em geral os insultos e pilhérias do
partido dominante fossem mais frios, e menos pungentes
que os da oposição, porque aquele, como mais certo da vitória, dava menor importância a esta espécie de desabafo.

O *Pregoeiro*, a *Trombeta* e o *Postilhão*, impressos em três
colunas e grande formato, aspiravam às honras de periódicos verdadeiramente sérios, políticos e morais; mas os seus
dignos redatores, que não excediam a quatro, se acusavam
reciprocamente de escrever também para os pequenos jornais, e tomados de um horror profundo e igual, lastimavam
o grau de abjeção e imoralidade a que a província tinha des-
cido, com tão asquerosas publicações!

As coisas contudo não haviam chegado a este ponto extremo de furor e exacerbação entre os partidos, governantes
e governados, sem que outras muitas cenas se representas-
sem, todas dignas de especial menção, e nas quais o jornalismo infatigável fazia sempre um papel importante, posto
que variasse de tom, acomodando-o à diversidade das circunstâncias e assuntos.

Antes porém que entremos a descrever essas novas cenas, pede a razão que deixemos aqui consignados dois im-

PARTIDOS E ELEIÇÕES NO MARANHÃO

portantes documentos, prova irrefragável de que a constância, a amizade, a boa-fé e a candura ainda não foram de todo banidas da terra, e que o homem, só porque se empenha
na política, nem por isso despe a primitiva inocência, e faz
abdicação solene de todos os sentimentos de honra. Por um
dos vapores entrados do Sul, recebeu o coronel Santiago a
seguinte carta:

Illm. Amº e senhor coronel Santiago
Bahia, 18 de.... de 184...

Posto que as minhas duas últimas cartas a vossa senhoria
não tivessem tido resposta, não me quero prevalecer dessa
omissão, sem dúvida involuntária, para deixar de escrever ao
meu amigo, e saber de sua saúde, e de toda a ilustre família,
pois felizmente não pertenço ao círculo daqueles que por um
simples apartamento se esquecem de suas afeições, e de todos
os obséquios recebidos.

As notícias que lhe posso dar desta província são as mais favoráveis ao grande partido a que temos a honra de pertencer:
o seu triunfo é infalível, e a oposição, cônscia de sua derrota,
tem perdido de todo a tramontana, e quase tocado as raias da
desesperação. Há de acreditar o meu amigo que estes miseráveis pretenderam lançar mão de meios subversivos, e que só
arrepiaram carreira, à vista da decisão e energia do excelentíssimo presidente, e do chefe de polícia? Pois é um fato positi-

177

JORNAL DE TIMON

vo. Esta cáfila de pescadores de águas turvas hoje nega tudo, e o F. meteu-se nas encolhas, dizendo que nunca subirá por meios violentos, e antes quer abandonar a carreira política. Bem os conhecemos, é porque as uvas estão verdes. Enfim, meu amigo, os malvados não dormem, mas graças à Providência, que se tem amerceado de nós, o Brasil vai marchando no caminho da ordem e do progresso bem entendido.

Permita-me agora o meu amigo que lhe fale em outro objeto que me diz peculiarmente respeito, e por isso mesmo estou bem certo há de interessá-lo. Muitas das principais influências daqui têm dirigido-se-me, querendo que eu entre na chapa, por esta província, do partido governista; mas eu tenho-lhes feito sentir que havendo contraído um empenho sagrado para com os maranhenses, não podia aceitar tão subida honra, sem trair deveres, cuja inobservância acoimaria por sobre mim a terrível pecha do ingrato, que a todo custo desejo evitar. Ainda não desistiram da sua pretensão, mas eu tenho significado-lhes que minha resolução é inabalável.

E pois, o meu amigo conhecerá quanto é mister convergir todos os esforços para que aí triunfe a minha candidatura, visto como abandono uma eleição segura, pelo capricho e pundonor que tenho em apresentar-me na câmara como representante pelo Maranhão, não só em razão do que vossa senhoria não ignora, como para de algum modo pagar a dívida em que estou para com essa bela província.

PARTIDOS E ELEIÇÕES NO MARANHÃO

Minha mulher envia saudosas recomendações à excelentíssima senhora dona Petronilha, e pede-lhe tenha a bondade aceitar uma dúzia de mimosas quartinhas,[84] que vão ao cuidado do nosso amigo Coutinho, desculpando a insignificância, pois é apenas para lhe dar uma amostra do bem que aqui se trabalha neste gênero de indústria.

Adeus, meu amigo; aqui me tem às suas ordens para tudo quanto lhe poder prestar, e creia na distinta consideração com que sou

De V. S.

Amigo e respeitador Cr.

A. P. de Moura e Albuquerque.

P. S. Se o meu amigo tiver alguma pretensão para a corte, não me poupe, porque estou nas melhores relações com os atuais ministros do império e fazenda, meus íntimos amigos desde a academia. A oposição perdeu cento por cento com a última mudança de gabinete.

O primeiro movimento do nosso Santiago, ao ler esta estupenda carta, foi o da surpresa e novidade, pois como se havia ele de lembrar da candidatura do senhor Anastácio Pedro, se no seu nome sequer nunca mais se tocou, desde

---

[84] *Quartinhas*: cortinas.

179

que se retirara da província, a não ser acidentalmente, e à volta das discussões da imprensa? Logo depois veio-lhe uma profunda admiração da candura e boa-fé com que a ex-excelência lhe contava as suas histórias de candidatura pela Bahia; e sem perder tempo em comunicar a missiva a nenhum dos seus amigos, deu-lhe a seguinte resposta, que, para um homem tão espesso e pouco ilustrado como geralmente diziam ser o senhor coronel Santiago, não deixa ver pequena dose de finura e malícia:

Illm. e Exm. Sr. Dr. Anastácio P. de M. A.
Maranhão etc.

Com sumo prazer receby a estimada carta de vossa excelência por este vapor, e o mimo da excelentíssima senhora por via do comandante Coitinho, que muito agradecemos a vossa excelência e a ela tão delicado mimo.

Não sabe quanto estimo as boas notícias que vossa excelência me dá sobre o nosso partido aí. Os homens aqui tramam de dia e de noite, mas nós estamos com o olho bem vivo, e se eles saírem a campo, hondem [hão de?] trocer as orelhas.

Mas é desgraça excelentíssimo senhor, que um partido tão forte como o nosso esteje desonido dando gosto aos contrários com tanta porcaria, que já vivo interamente desgostozo. Não me tenho descuidado um momento da candidatura de vossa excelência mas são tantos caens a um osso, e cada um puxando a braza para sua sardinha, que poço dizer a vossa excelência me tenho axado sozinho em campo a respeito. Porém fique o meu amigo descansado que farei o impoçível para servir-lhe, e não perco as esperanças a pezar... Em fim só de viva voz lhe poderia comonicar, pois cartas sempre são papéis. Cauza nojo ver que se apresentão pelo nosso lado pessoas que hinda a bem pouco nos ostilizavam, e bem se distinguiram atacando o governo. Mas é fruta do tempo, e não há remédio senão sofre-lo.

O excelentíssimo prezidente atual vai hindo com o nosso lado, porém muito custou a descedirce, e só depois de bem tozado pelo Bavio que oije... Sua froxidão fazia ter saudades do tempo de vossa excelência, que toda província dis que ainda aqui não veio um prezidente más energeco e descedido.

Remeto a vossa excelência esses números do *Postilhão*, *Faísca*, *Badalo* etc. etc. que estão famozos, e por eles melhor verá o que por cá vai.

Estimarei que esta encontre a vossa excelência no gozo da milhor saúde e egualmente a excelentíssima conçorte, a quem eu e minha senhora lhe apresentamos nossos respeitos.

Sou com dedicação e reconhecimento

De V. Exc.

Amº cinçero obr. Crº

Matheos de Santiago e Sª

JORNAL DE TIMON

N. B. Axo prudente pelo sim pelo não vossa excelência se-
gurar por lá sua candidatura, pois vejo as coizas por aqui muito atrapalhadas com a xusma de candidatos que nos tem ator-
dido os ovidos."

Timon, oferecendo ao respeitável público estes documentos com tanto custo desenterrados e adquiridos, julga
escusado garantir a sua autenticidade, porque os fatos, a or-
tografia-Santiago, e o estilo-Anastácio são coisas tão veros-
símeis e triviais, que ainda quando fosse tudo apócrifo, não
haviam mister de apologia, para serem admitidos por um
público tão esclarecido e judicioso.

182

JORNAL DE TIMON

5

A patuléia — A pedintaria — As subscrições e impostos eleitorais — O dia 28 de julho e o dia 7 de setembro — Festejos populares — O convento do Carmo e o teatro dos Couros — Eloqüência de clubes — Arroz-de-pato — As procissões — Rixas,
espancamentos e tumultos — Descrições e polêmicas de jornais — Modelos de estilo grandíloquo-festival — Vanilóquio.

À proporção que se vai aproximando o grande dia eleitoral, se a época acerta ser de exaltação, como na presidência do senhor Bernardo Bonifácio, vai a nossa capital tomando um aspecto desusado e inquieto, já pela violência e
multiplicidade dos jornais, já pela repetição dos clubes, sessões e reuniões, e já finalmente pela aparição de figuras des-
conhecidas e estranhas, que invadem e passeiam de contínuo
as praças, ruas, becos e travessas, todos ou a maior parte per-

183

JORNAL DE TIMON

tencentes à classe conhecida pela designação geral de *patuléia*, que quer dizer povo, na acepção de plebe ou gentalha.

Em França, um faccioso célebre, sendo preso e conduzido à presença do tribunal, à pergunta que lhe fez o presidente sobre sua profissão e meios de vida respondeu com impavidez e discrição: *Rusguento* (*Émeutier*). Com igual fundamento poderiam os nossos patuléias responder: *caceteiro, gritador, partidista,* ou coisa semelhante, que dissesse respeito ao ofício e empreitada eleitoral.

Dos bairros mais escusos da capital, dos arrabaldes, e do interior da ilha e da província, acode um enxame de miseráveis, que atraídos pelo amor do ganho ou da novidade, impelidos pelos seus instintos de desordem, ou expressamente convidados pelas *influências*,[85] se repartem em bandos, conforme o número dos partidos ou centros de reunião a que possam afiliar-se. Os vadios urbanos que despejam as tendas de alfaiates, sapateiros e outras semelhantes engrossam estas gloriosas falanges, a cuja frente brilham ordinariamente alguns indivíduos de mais elevada condição, ou antes de melhores trajos, de cor mais branca, mas porventura mais esfaimados e corrompidos. Esta variegada turba que se compõe em grande parte de figuras vulgares, sórdidas e ig-

---

[85] *Influências*: chefes políticos.

184

PARTIDOS E ELEIÇÕES NO MARANHÃO

nóbeis, mas no meio da qual negrejam também algumas ca-
taduras sinistras e ameaçadoras, derrama-se pela cidade desde o amanhecer até a noite, e cada um dos tais consome o
dia batendo de porta em porta, para pedir ou extorquir do
pobre-diabo de candidato ou partidista dez tostões,[86] dois
mil-réis, mais ou menos, segundo as posses do que dá a esmola, ou o interesse que toma na contenda eleitoral. Os ca-
becilhas desta tropa, ou verdadeiros, ou reputados tais, seja
pela força e intrepidez com que manejam os cacetes, seja pela sua habilidade nas cabalas, seja pelo ascendente e predomínio que exercem sobre o vulgo, ou simplesmente porque
vestem uma casaca e trazem lenço ao pescoço, não se con-
tentam com tão pouco, exigem quantias muito mais avulta-
das, e ainda em cima, em promessa ao menos, empregos de
guardas, porteiros e contínuos. Posto que em regra cada um
tome o seu partido, e por ele arme rixas a cada canto com
outros da sua igualha, em que não raras vezes os contendo-
res vêm às mãos, e se faz sangue, não é isso razão para que
os mais deles não solicitem a esmola dos chefes e partidistas
contrários, a quem por fim pregam o logro, se não se ban-
deiam deveras por alguma espórtula fora do comum, ou algum outro motivo poderoso.

---

[86] *Tostões*: um tostão valia cem réis.

JORNAL DE TIMON

Não há espetáculo mais exótico e extravagante do que um pescador da praia de Santo Antônio ou da Madre de Deus, um caboclo da Maioba ou Vinhais, que toda sua vida andou descalço, quase nu, ou apenas de calça e camisa, a pavonear-se pela cidade, de jaqueta, gravata, chapéu, butes de duraque,[87] e o inevitável cacete na mão, todo embaraçado e maljeitoso sob o peso incômodo da sua libré, lustrosa e garrida os primeiros dias, mas desbotada, suja e rota por fim, se a forçada liberalidade dos patronos a não renova.

A justiça pede se declare que a nossa *patuléia* nem sempre se mostrou tão abjeta e vil, a mendigar espórtulas por preço das cacetadas que distribui aos seus iguais, sem saber a razão por que, aliando a baixeza do procedimento com certa altanaria e orgulho de porte e de linguagem, como persuadida da inocência e honestidade do seu proceder. Tempos houve em que os homens de cor, os pobres, os operários, os *patuléias*, enfim, acudiam às eleições tão possuídos de entusiasmo como de desinteresse, senão mais ilustrados; e lançado o voto nas urnas conforme as suas afeições ou ilusões, voltavam ao cabo de dois ou três dias, quando muito, aos seus trabalhos ordinários, sem imaginar que o simples

---

[87] *Butes de duraque*: botas de tecido forte, em geral para senhoras.

exercício de um direito se pudesse converter em um ofício ou benefício rendoso. Foram as classes superiores que lho ensinaram, sem pensar por seu turno quão pesados e incômodos lhes viriam a ser para o diante estes voracíssimos auxiliares.

E de feito gastam-se alguns anos somas fabulosas com este organizado sistema de pedintaria, com os festejos, banquetes e ceias patrióticas, com a sustentação de jornais aos quais falecem os assinantes, com os correios enfim expedidos para todos os pontos da província, cumprindo porém notar que os do lado do governo ficam a este último respeito de melhor partido, porque os soldados pagos à custa do tesouro servem para este fim, e andam num contínuo rodopio.

Por via de regra as posses dos simples particulares não bastam para fazer face a estas enormes despesas, posto que deles haja que gastem contos de réis, e até fiquem arruinados; e então a necessidade obriga a recorrer a outro gênero de pedincha, mais restrito, porém mais em grande, a que se chama *tirar subscrição*. Não faltam sujeitos que oficiosamente se ofereçam para desempenhar este melindroso encargo, bem que os mais deles costumam tirar uma comissão tão crescida, que às vezes absorve metade do capital arrecadado. Outros há porém que o aceitam constrangidos, e o desempenham com tal acanhamento e frouxidão que nada

JORNAL DE TIMON

quase conseguem. O leitor experiente e judicioso há de certamente compreender que os que de todo se não recusam a dar, dão todavia com a pior cara que podem. Há porém uma classe de sujeitos que desejam viver bem com todo mundo, e estes subscrevem para dois ou três partidos ao mesmo tempo, e com o riso nos lábios, e a dor no coração, a todos vão desejando o mais completo triunfo.

Épocas há em que estas colheitas são abundantes; outras em que a penúria e mesquinhez não podem ser maiores. E senão, atenda-se ao seguinte exemplo. Estavam reunidos em sessão solene quatorze magnatas, ricos lavradores e proprietários, e tratava-se de nada menos que da organização de um novo grande partido, que desse em terra com o dominante, e assegurasse por uma vez a prosperidade da província. Aventou-se a necessidade de criar uma caixa para ocorrer às infalíveis despesas do custeamento daquela gloriosa empresa. Então um dos mais abastados membros presentes propôs que cada um se quotizasse em dez mil-réis! A proposta passou quase por unanimidade de votos, mas havendo quem objetasse a insuficiência da coleta, outro não menos ricaço que o primeiro declarou nobremente que em caso de necessidade reforçar-se-ia a caixa, dando cada um mais cinco mil-réis! E a sessão encerrou-se com a organiza-

PARTIDOS E ELEIÇÕES NO MARANHÃO

ção da *chapa provincial*, em que, como era de esperar, foram contemplados quase todos os ilustres membros fundadores.

Outra fonte de rendimentos é a finta[88] posta nos vencimentos futuros dos candidatos gerais ou provinciais que ainda se hão de eleger; cada deputado provincial, por exemplo, promete dar cem mil-réis, deduzidos do subsídio do primeiro ano. Tenho ouvido queixas amargas acerca das grandes dificuldades que oferece a cobrança desta imposição, devidas talvez à falta de boas disposições regulamentares.

Pelas causas que ficam referidas, quero dizer, pela deficiência de meios, ou porque o verdadeiro patriotismo só se acenda em face dos perigos, acontece que os grandes dias nacionais ou provinciais já não são popularmente festejados, senão nos anos climatéricos de eleições; e ainda quanto a estes, já no presente ano de 1852, tanto o dia 28 de julho[89] como o 7 de setembro só foram honrados com as demonstrações puramente oficiais; que em tamanho progresso tem ido a tísica da bolsa, e o resfriamento do patriotismo!

No ano porém cuja história escrevo, houve festejos tanto em um como em outro aniversário, e se fizeram com es-

---

[88] *Finta*: multa.

[89] *28 de julho de 1823*: data da proclamação da independência no Maranhão.

189

JORNAL DE TIMON

trondo, já por parte dos governistas, já da oposição. Os cangambás reuniram-se no convento do Carmo, os morossocas
e os seus aliados no denominado teatro dos Couros.* Limi-
tar-me-ei a descrever um desses festejos, pelo qual se pode
fazer idéia de todos os outros, pois não é certamente pela
variedade que mais se distinguem.

À frente da igreja do Carmo arvorou-se uma armação
de paus compridos, onde uma tela grosseira, fixada de alto
a baixo e em toda a largura, mascarava completamente o
frontispício da igreja até a cimalha. A grosseira tela era ainda mais grosseiramente pintada, e matizada com dísticos e
emblemas análogos ao dia, e a diversos outros grandes assuntos caros aos maranhenses e aos brasileiros em geral.
Quando, à noite, algumas dúzias de lanternas ordiníssi-
mas iluminaram a armação, e deram tal qual transparência
ao azeitado pano de estopa, a turba dos basbaques admirou
um pretendido retrato do imperador, a carranca formidável
de um patrício caboclo (canela ou guajajara, como melhor
agrade), ramos de fumo e de café entrelaçados, figuras em-
blemáticas da liberdade, dísticos em prosa e verso alusivos

....

🐚 | * Histórico. Ambos os locais têm efetivamente servido à reunião dos
partidos. (N. A.)

190

PARTIDOS E ELEIÇÕES NO MARANHÃO

ao dia, e ao patriotismo e valor sem igual que nele patentearam os maranhenses. Não é preciso dizer que ali se via também um truculento despotismo lusitano derribado em terra, sob os pés da deusa, e dispersos em redor, os impretríveis fragmentos das algemas e grilhões despedaçados. Um suposto guajajara, não já pintado, mas verdadeiramente de carne e osso, passeava a um e outro lado, arreado de plumas, e armado de arco e flecha, que de vez em quando apontava com gesto ameaçador contra não se sabe que invisíveis inimigos. Aos ridículos esgares do bobo patriótico, a turba circunstante levantava um confuso rumor de satisfação. No alto das torres, e junto à grande cruz, flutuava o pavilhão imperial; foguetes e vivas repetidos atroavam os ares. O largo estava literalmente coalhado de espectadores e curiosos, cujo bom gosto se deleitava horas esquecidas na contemplação das cintilantes luminárias e do patriotismo em ação.

No interior, a gente de servir e ganhar, com os seus respectivos chefes, ocupavam um dos longos corredores, estes sentados, aqueles de pé, estoutros trepados por bancos e cadeiras. Devo aqui observar que, em outras diversas ocasiões, é no próprio corpo das igrejas que a turba se tem congregado. Nomeada a mesa, o doutor Afrânio pediu a palavra, e exprimiu-se nos seguintes termos: "Senhores! É com a

JORNAL DE TIMON

maior satisfação... (*Apoiado!*) que vos vejo aqui... (*Apoiado! Viva o dia 28 de julho!*) vejo aqui reunidos em... (*Viva o excelentíssimo presidente da província! Viva o partido cangambá! Vivô! Vivô!*) Certamente, o patriotismo dos mara... (*Abaixo os jaburus! Fora bacurau! Viva o nosso doutor Afrânio! Vivô! Vivô!*) Não é possível duvidar um só momento... (*Apoiado! Viva a comissão central!*) Enfim, senhores, a nossa vitória é infalível! (*Apoiado! Apoiado! Viva o partido do governo! Viva a independência da província! Vivô! Vivô!*)".

É de presumir que este admirável discurso se prolongasse, e que nos outros que se lhe seguiram brilhasse a mesma eloqüência, mas a testemunha ocular a quem devo estas preciosas informações nada mais pôde ouvir, aturdida com a imensa berraria dos vivas e apoiados. O caso é que para o fim o entusiasmo subiu a tal ponto que a turba dos berradores, em um formidável arranco, e em um só corpo de mil cabeças, deu consigo no corredor vizinho, onde uma longa mesa bem guarnecida de assados, pão, arroz, fruta, e vinho copioso posto que ordinário, excitou ainda mais, se era possível, o seu férvido patriotismo. Infelizmente uma porção considerável de *patuléias*, mais atraídos do cheiro da comezaina, que da incontestável eloqüência do doutor Afrânio, se tinham antecipado a rodear a mesa que contemplavam em atitude respeitosa posto que impaciente, enquanto o grosso dos companheiros se entretinha a vociferar, pela maneira que já noticiamos; de modo que quando estes, impelidos como uma onda, inundaram o corredor do banquete, os que se lhes tinham antecipado, sem lhes dar tempo para nada, lançaram mão a quanto havia de melhor sobre a mesa, seguindo-se uma cena indizível de confusão, gritos e luta, entre os que se disputavam os melhores bocados, fazendo-se por fim os pratos e a mesa em mil pedaços, e ciscando-se os convivas para fora com as peças que puderam levar, sem exceção dos próprios talheres. À volta dos patriotas, e ajudados da barafunda, alguns negros e moleques escravos, e até asquerosos mendigos, conseguiram introduzir-se e participaram da imensa fartadela.

Repletos e esquentados, os nossos heróis, em número pouco mais ou menos de quatrocentos inclusive os casacas, saíram a percorrer as ruas, música na frente, atacando-se foguetes a cada canto, levantando-se de contínuo desentoados vivas e morras, e apedrejando-se, para completar o folguedo, as vidraças de uma ou outra casa habitada por adversários.

No teatro dos Couros passaram-se as coisas quase da mesma forma, com a diferença que a concorrência foi muito menor, sobretudo a exterior, pois o incômodo e incongruente do local não convidava os curiosos, acrescendo que porque a ceia fez-se mais cedo, muitos dos patuléias se foram escafedendo para o Carmo, cuja reunião por este modo engrossaram. Quando os morossocas e mais consócios saíram a fazer a sua procissão não levavam mais de cento e cinqüenta pessoas, e notou-se que a sua música era ordinária e desafinada, porque os cangambás, patrocinados pelo governo, haviam monopolizado as duas únicas bandas militares que havia então na cidade. Os respectivos mestres se queixaram depois de não haverem sido pagos, e quando para tal fim eles, o pasteleiro e outros fornecedores igualmente queixosos se dirigiram aos chefes do partido, responderam estes que não sabiam como podia isso ser, pois o almoxarife ou encarregado da festa tinha recebido oitocentos mil-réis para todas as despesas.

No mesmo dia da festa, e nos imediatos, os jornais das parcialidades opostas publicaram diversos artigos, cujo merecimento o leitor agora apreciará.

Artigo do *Bacurau*

Maranhenses! É amanhã o grande dia que o grito levantado no Ipiranga, repercutindo do Prata ao Amazonas, ressoou também nos ângulos desta heróica província. Amanhã é o dia escolhido pela nossa Comissão Diretora para a primeira reunião do partido oposicionista, a fim de confeccionarmos a chapa liberal-ordeira, e solenizarmos o glorioso aniversário em que o Maranhão aderiu ao movimento que colocou o Brasil na lista das nações. Um tal dia deve ser por vós festejado com todo o prazer e entusiasmo, por vós principalmente que sois os verdadeiros amigos da independência e liberdade, sem a qual não há ventura, não há ordem em qualquer sociedade. É neste grande dia que deveis unir todos os vossos esforços para conseguirdes a completa derrota dõ pártido infame que com o nome de governista, melhor cabendo-lhe o de devorista, almeja por todos os meios estancar o nosso desenvolvimento social, a fim de saciar seus interesses particulares, e dominar esta bela e rica província, que nunca foi patrimônio de déspotas e ladrões.

União e mais união; pois só desta guisa evitareis os planos infernais que os monstros tramam para espalhar entre vós a cizânia e o terror. Cumpre empregar todas as cautelas que vos privem de tão grosseiros embustes. Conservai a vossa união, porque é ela que dá a verdadeira força, não receeis os furores dos miseráveis que vos querem converter em degraus para galgarem o poleiro, e obtereis desta maneira um total triunfo. É no grande dia de amanhã que devemos fazer o juramento de vencermos ou morrermos nas próximas eleições. Eia, coragem, união, e olho vivo.

Viva o dia 28 de julho!

Viva sua majestade o imperador!

Viva a Constituição!

Viva a união dos maranhenses livres!

Artigo da *Faísca*

É hoje, cangambás, o dia de nossa gloriosa regeneração política, ao qual devemos render nossos cultos, e se acha também marcado pela digna Comissão Central governista para nele reunirmo-nos, e tratarmos de nossas futuras eleições. Reuni-vos pois com aquele júbilo e entusiasmo que assaz sói caracterizar-vos quando se trata de celebrar tão condignos objetos de nosso amor, veneração, e solicitude. Lembrai-vos que a facção dos ganhadores não dorme, e tentam lançar mão dos meios subversivos para nos suplantar e barulharem as eleições, e que só vossa união, firmeza de caráter, e dedicação pela causa pública, poderá transtornar tão perversos planos. Vede que temos à nossa frente um governo justiceiro e humano; não vos deixeis iludir pelo canto da sereia, nem pelas odiosidades que inventam, a fim de acarretar-lhe não merecido desprezo. Debalde porém se esforçam para não progredirem os nossos melhoramentos materiais e morais; esta bela província nunca será presa de meia dúzia de garimpeiros que, baldos de mérito, cônscios de sua indignidade, a nada mais aspiram que a uma conflagração para poderem pescar nas águas turvas, matar a sede de sangue, e a fome canina de empregos que os corrói. Seja pois a divisa dos cangambás união, firmeza e vigilância; corramos eletrizados à reunião para que nos chamam nossos chefes;

mostremos pela nossa grande força numérica que o triunfo há de ser infalivelmente nosso, e vereis como os desordeiros abaixam a grimpa. Cortemos por uma vez as esperanças dessa cáfila, e consolidemos a prosperidade de nossa bela província.

Viva o dia 28 de julho!

Viva a independência nacional!

Viva o imperador, e a imperial família!

Viva o excelentíssimo presidente da província!

Viva o partido cangambá!

Artigo do *Postilhão*, de 30 de julho

O dia 28 de julho, aniversário do proclame, nesta província, da independência nacional, foi brilhantemente solenizado este ano pelo partido cangam-

bá. Os cidadãos mais grados desta capital, tendo à sua frente o excelentíssimo presidente, se cotizaram para tão momentoso e justo fim.

Por ordem da presidência, e, como sói praticar-se todos os anos, as fortalezas e vasos de guerra surtos em nosso porto salvaram e embandeiraram-se; à tarde houve parada no largo de Palácio, e solene *Te Deum* na Catedral. A concorrência foi imensa, e como jamais se viu nos anos anteriores, tal é a confiança e estima que todos depositam na pessoa do excelentíssimo senhor Montalvão de Mascarenhas! A tropa de linha e a Guarda Nacional compareceram com o melhor asseio, disciplina, e bom garbo, de modo que os mesmos estrangeiros se admiraram, e não foram parcos em lhes dar seus justos louvores.

Ao anoitecer uma brilhante iluminação teve lugar na fachada da igreja do Carmo, cuja descrição damos em artigo separado; o largo ficou coberto de povo, e podemos quase afiançar que ali se achava a maior parte da população da capital. Descrever o prazer, a fraternidade, que reinavam, e sobretudo o júbilo que se apoderou dos bons maranhenses ao descobrir-se a augusta efígie de sua majestade o imperador, seria um impossível; as bandas de música tocavam alegres e harmoniosas peças, girândolas de foguetes fendiam continuamente os ares, e repetidos vivas aos caros objetos de nosso amor e veneração se uniam ao estampido das bombas.

A Comissão Central do partido governista escolheu este memorável dia para o começo de nossos trabalhos eleitorais, e a reunião do povo teve lugar nos vastos corredores do convento. Os dignos religiosos, e especialmente o reverendíssimo prior, acolheram a todos com aquela amabilidade, e boa educação que tanto os distingue. Honra ao nosso clero que sabe por este modo compartilhar os interesses, e entusiasmo do povo!

Recitaram-se durante a reunião brilhantes discursos, sobressaindo a todos o do nosso amigo, o senhor doutor Afrânio, que foi coberto de imensos apoiados. Depois de nomeada a comissão especial encarregada de confeccionar a lista dos candidatos governistas, seguiu-se uma lauta ceia, em que tomaram parte todos os nossos concidadãos, sem distinção de grandes e pequenos, pois os cangambás não conhecem a impostura e orgulho que tanto prezam os fidalgotes da nossa desfrutável oposição.

Concluída a ceia, saiu o povo a percorrer as principais ruas da cidade, e não exageramos dizendo que o seu número excedia a três mil pessoas!

Tudo se teria passado na melhor ordem e harmonia, se um grupo de miseráveis armados de cacete, e saídos dos antros pestilentos do açougue velho, encontrando alguns correligionários nossos dispersos no canto do Chicão, os não acometessem e ferissem traiçoeiramente, vertendo o precioso sangue brasileiro em um dia tão sagrado para todos os corações verdadeiramente maranhenses. Mas bem depressa se virou o feitiço contra o feiticeiro, porque acudindo alguns dos nossos, foram esses vis repelidos imediatamente, conseguindo ainda a polícia prender os famigerados capangas e assassinos Sete-Facadas e Mano-Titicô que a facção mandou vir de propósito do interior da província para aqui praticarem as costumadas brilhaturas.

O pagode desta boa súcia no fedorento casarão dos couros esteve impagável. Consistiu numa solene borracheira e berraria, distinguindo-se nos insultos a tudo quanto há de honesto nesta província o celebérrimo senhor doutor Mevio, essa criaturinha vil e abjeta, que mede a todos pela sua bitola. Alguns cidadãos da classe pobre que ali compareceram iludidos, conhecendo bem depressa a nenhuma influência desta ignóbil facção, e que andavam seduzidos por seus embustes, retiraram-se indignados, e vieram engrossar as fileiras da grande maioria da província. Quando o grupinho pôs a sua ridícula procissão na rua, não contavam mais de cento e cinqüenta pessoas, inclusive esfarrapados, descalços, negras de tabuleiro, e moleques que tinham acudido ao cheiro do arroz de pato; e dizem-nos que o doutor Bartolo e o pantaleão do Pantaleão ficaram tão envergonhados que se foram esgueirando pelo primeiro beco que acharam.

O que porém não é mais um objeto de dúvida é a grande preponderância do nosso partido sobre a insignificante facção contrária; quando a maioria se pronuncia por um modo tão decisivo, não se deve mais hesitar sobre as conseqüências da luta que estamos prestes a travar. Persuadam-se pois todos os nossos correligionários que baseados na justiça da nobre causa que defendemos, e tendo por nós o ilustrado apoio do governo, seus esforços serão infalivelmente coroados pela mais completa vitória. Cumpre pois não esfriar neles, até ser concluída a gloriosa tarefa que empreendemos.

Artigo da *Trombeta* da mesma data

O glorioso 28 de julho, esse dia das recordações mais gratas para todos os bons maranhenses, foi este ano obscurecido por atos do mais inqualificável vandalismo, graças à mui patriótica administração do excelentíssimo senhor Mascarenhas, que depois que se deixou cavalgar pela influência sinistra que nos avilta e oprime, não há atentado que não apóie, não há infâmia a que se não sujeite, não há indignidade que não pratique! A que grau de abjeção, meu Deus, tem chegado o delegado do governo imperial! Ah! se o imperador o sabe!

Nossos leitores não ignoram que o partido oposicionista afluindo ao lugar costumado de suas reuniões, cuja casa se achava brilhantemente iluminada, ali discutiu pacificamente os interesses da província, e depois de uma esplêndida ceia, saiu a percorrer as principais ruas desta cidade, em número não menor de mil e quinhentas pessoas. A concorrência junto à casa da reunião não foi talvez mais numerosa, por o local não oferecer comodidades; porém assim mesmo o número dos nossos partidistas foi incomparavelmente superior ao da pífia rodinha cangambá. No entretanto causa riso ver os tais senhores inculcarem que toda a população que enchia o largo do Carmo pertencia à súcia! Com que os estrangeiros, senhoras, crianças, e escravos que ali se achavam pertenciam ao vosso credo, senhores Afrânio & Cia.! Damos-vos de conselho que ajeiteis outras patranhas para enganar os tolos, pois esta não pega.

Mas enquanto a oposição se portava com tanta calma, e dava o exemplo da ordem e moderação ao governo, os partidistas deste reunidos no interior do convento do Carmo se entregavam à mais desenfreada orgia que se pode imaginar. Quereríamos que os veneráveis religiosos nos dissessem se os estatutos da ordem permitem aqueles inocentes folguedos, e que a portaria esteja aberta para tal fim até alta noite? Mas se suas reverendíssimas nos não satisfizerem, nós os prevenimos que muito breve lhes poremos a calva à mostra, pois estamos bem ao fato de certas coisinhas, e da bela mamata que se prepara com o honradíssimo senhor coronel Santiago.

Depois de haverem devorado o magro *lambete*,[90] e chupado uma pipa de cachaça, saí-

ram de rojo, espedaçando as mesas e bancos, soltando vivas e morras, e os gritos mais anárquicos e aterradores, e levando à sua frente o digníssimo senhor chefe de polícia! Assim percorreram as ruas da cidade, pondo em alarma os pacíficos habitantes, e apedrejando as casas dos nossos amigos Anselmo, Pantaleão e Olivério. Não contentes com isto, um grupo se destacou, e foi de propósito destruir a iluminação da casa da nossa reunião aproveitando-se da circunstância de se haverem já todos dali retirado. E depois, quantos compartidários nossos encontravam dispersos, iam logo os espancando! O senhor chefe de polícia acudiu por duas vezes a estas desordens, mas foi para prender as vítimas! — Tanto escândalo, tanta perversidade,

----

🐚 | [90] *Lambete* ou *lambeta*: refeição modesta.

custa acreditar, mas tudo se presencia na administração inepta e tresloucada do senhor Bernardo Bonifácio!

Se as coisas porém chegassem a um ponto de imprudência e exaltação que impossível fosse conter o povo, esses indignos não se privariam do gostinho de acoimá-lo de revoltoso, nem do emprego de medidas próprias à consecução de seus negros fins. É por demais certo que nos achamos num quase estado de anarquia; o cidadão pacífico vê-se exposto ao joguete das facções, a propriedade e a liberdade individual não encontram segurança, a casa do Senhor é conspurcada de um modo inaudito por imundas bacanais, tudo em uma palavra nos acarreta a um funesto paradeiro. Mas assim mesmo não percamos a es-

perança, nem abandonemos aquela moderação de que temos dado tantas provas. Dirijamos incessantes súplicas ao nosso adorado monarca; uma palavra sua, um simples aceno bastarão para desmoronar os recursos da malvadeza, e dar com esta câmara ótica em terra.

E vós, senhores ministros, contemplai a vossa obra! À fé que deveis estar mais que satisfeitos com o incremento espantoso que vão tomando nossos males; por isso, surdos e impassíveis vos conservais aos reclamos da opinião pública, que por tantas vezes nossas vozes vos hão transmitido. Sacrificais covardemente os verdadeiros amigos do país, e acobertais com a vossa proteção aqueles que só sabem desrespeitar as leis, a religião, o sagrado, e o profano.

Tendes a faca e o queijo nas mãos, e recusais servir-vos deles, tempo virá porém em que arrependidos torcereis sem fruto as orelhas.

Monarquistas de convicção e de coração, tendo derramado nosso sangue em holocausto à manutenção das instituições monárquico-constitucionais, é do mesmo trono que esperamos remédio a nossos males, embora nossa dedicação e lealdade não nos tenham amontoado fortuna, embora não fruamos as vantagens e graças que só se espalham pelos díscolos. É por isso que, concluindo nosso artigo, tornamos a exclamar: Ah! se o imperador o sabe!

Os artigos transcritos, bem que ocasionados pelo dia 28 de julho, não lhe são todavia positivamente consagrados, e tocam antes aos interesses puramente políticos das parcialidades que os publicaram. Por essa razão oferecemos aos nossos leitores mais esses dois, verdadeiros modelos de estilo grandíloquo-festival, um dedicado ao dia provincial, e outro ao 7 de setembro. Julgamos útil, se não indispensável, a sua reprodução, que é textual, para que se tenha uma idéia cabal e perfeita do que tem sido, e é a nossa imprensa política, e do apurado gosto com que ela costuma dissertar nestas ocasiões. E para não estar voltando a freqüentes citações deste gênero, fazemo-los seguir de mais um artigo de matéria transcendental que melhor que nenhum outro dará a medida da paciência do nosso público, ou da robustez de estômago ou de espírito necessária para digerir tão suculenta alimentação.

AO DIA 28 DE JULHO

Viva o imperador!

Viva a Constituição!

Viva o dia 28 de julho!

Salve! Três vezes, salve! Faustoso dia! No qual hoje lustros quatro e mais três anos contamos de nossa emancipação política! Aniversário és hoje, festivo dia, daquele, em que as algemas despedaçando, que os pulsos nos rocheavam, uníssonos e livres bradamos — Independência ou morte!

Rósea, fecunda, e bela manhã foi essa (de 1823), em que apenas, assomava pudibunda aurora, galas trajando as mais louças; em honra de tão suntuoso e augusto dia, os ribombos se ouviram de márcio canhão, anunciando à dita que ao Maranhão aguardava o ser dos seres... Dos obuses ao clangor, da música aos sons, e dos fogos, que nos ares estridavam, já livres acordam aqueles que, ainda em ferros, só com a liberdade, com a liberdade só sonhavam, os que por ela pugnavam: mas rostos serenos e alegres nos anunciam, quando a moleza, o ódio, o crime e traição já denunciam os rostos vis de vis imigos da santa, justa causa da independência.

Nesse dia de prazer, festivo e puro —

205

JORNAL DE TIMON

Qu'ao longe arroja os dias de horror,
Os dias d'escravidão à Pátria infensos.

Vimos pela primeira vez tremular em nossos fortes auriver-de pavilhão, que nos convida armas empunhar, vingar ofen-sas, e livres nos mostrar, bradando a imigos — Salva está a Pá-tria, e já com ela os filhos seus, que, direitos recuperam, e a Lusitânia os ferros lhes arrojam com que os prendera!(...)

De retro vão, esses dias de horror, dias do inferno.

A nossa pena cabe somente o dia solenizar, e perdão dar em honra deste mesmo dia, maranhenses, que nos fastos da *Liber-dade*, brilhante está como astro novo, que qual os do céu fulgura, como os modernamente descobertos; porém lá virá tempo... tempo mais feliz e brilhante, que nenhum astro o poderá, sequer em parte, eclipsar... Atendei maranhenses(...)

Salve! Ainda vezes três, salve! oh! Dia maranhense! Em que de livre me convenço, e brasílio ser!...

Na aurora de teu aniversário, quando prestes me levanto ao alvor dela, ouço uma voz grandíloqua e celeste!... Ah! quanto de prazer minha alma se enche ao ouvir o mavioso som que assim ecoa —

O gênio maranhense não pára, voa
De troféus, em troféus caminha e vence,
E à vitória arrancando a voz, e o louro,
Esmigalhando as hórridas algemas,
Nos céus da liberdade é astro novo!

206

Ainda por ti, ó Pátria minha, não só um filho!... se não todos, quase todos te saúdam. Eis mais um tributo, ó magnânimo dia!

Hino

Hoje de julho vint'oito,
Dia de maga oblação,
Sua independência saúda
Majestoso Maranhão.

O brado que no Ipiranga
Tão excelso ribombou,
Prosseguiu do Sul ao Norte,
E no Maranhão ecoou.

Nunca mais os lusos ferros
Pisarão o braço forte
Do Brasil, qu'é gigante! —
Repetiu o Sul e Norte.

União! ó maranhenses!
Haja em nós toda a prudência;
Haja força, haja coragem,
Sustentando a independência.

Estribilho

Nunca mais o despotismo

Entre nós aparecer,
Seja só nossa divisa —
Independência ou morrer.

———

7 DE SETEMBRO

Noite pavorosa, e dia radiante

Há perto de um quarto de século que o grito mágico — Independência! — troando com majestosa sonoridade em todos os contornos do venturoso Ipiranga, e correndo impetuosamente por sobre soberbos e escalvados serros, e por entre férteis campos, e prateados areais, retumbou no Prata, e no Amazonas: e então de repente o Brasil se viu sentado entre as nações soberanas do mundo. Há vinte e três anos... Mas ontem?!... A noite derradeira... Ó como é cheia de compreensões sinistras e milagrosas esta só recordação! Ontem ainda éramos colonos, e já hoje soberanos! Ainda o carro d'ouro não tinha encontrado a alva matutina do 7 de setembro de 1822, já as rédeas que nos prendiam à dominação portuguesa se abalavam espantosamente nas mãos do *Tirano* que as brandia; e suas coortes valentes destacadas pelos ângulos mais importantes do nosso riquíssimo império, vacilando nos postos que ocupavam, tremiam do futuro que as aguardava! Oh! como foi pavorosa, e ao mesmo tempo heróica essa longa, espessa e tormentosa noite! A sua escuridão envolvia a glória do dia portentoso que ela produziu, trajado das mais pomposas galas, e adereçado com o seu colar d'ouro e de diamantinas conchas, para trazer na sua mão vitoriosa o auriverde pavilhão da heróica nação ao meio-dia do mundo americano, que desenrolou à face do universo inteiro! O silêncio da noite, símile ao dos túmulos, apesar de todo o horror que inspirava, nem fazia tremer aos Scipiões brasileiros, nem violentava a carpir as brasílias Pórcias: ele era apenas interrompido pelos alentos da agitação precursora da guerra que hão abrir-se entre povos irmãos, entre pai, e filho! Nem a fama altiva do império lusitano; nem o aspecto guerreiro dos seus Martes poderão tampouco causar a mudez dos heróis da independência, e intimidar o esforçado valor do patriotismo brasileiro. Quanto heroísmo!!! Ao marchar para o teatro da guerra a gente jovem e inexperiente no estratagema militar, onde ia arrostar as colunas do exército aguerrido que se orgulha de saber vencer, na sua última despedida das famílias que assim deixavam na sua ausência tragar o gosto amargo de infelizes, não se lembrava senão de voltar cingida do laurel da vitória, ou de perecer pela liberdade no campo da honra! Como as horas passam e o momento se avizinha, redobra-se a expectação e a ânsia cresce!... Chega ao fim o dia, e já ao clarão pálido da vela mística, que cobre o hórrido canhão fulminante de destruições e mortes, a corneta e a caixa de guerra anunciam a presença do descendente dos reis fidelíssimos no meio de tanto aparato bélico!... É o defensor perpétuo do Brasil que vem pôr termo à luta antes de

JORNAL DE TIMON

ela começar! Que vem evitar a carnagem, que os exércitos intentam, para se não derramar o sangue de seus súditos pelas mãos de seus próprios súditos irmãos entre si! Que vem, finalmente, afastar para longe dos guerreiros que o circundam a guerra, que todavia ele não pôde obstar que mais longe de seus olhos fosse espargir sobre as outras estrelas da sua Coroa o sangue brasileiro. Na presença do herói da Pátria tudo emudece! E ao seu grito elétrico — Independência ou morte! — se emurchece a esperança lusa, e triunfa a causa brasileira! Cai moribundo o despotismo europeu, e raia no horizonte político do Brasil a liberdade equilibrada com os sistemas dos governos da América, e da Europa. Eia! Tremei, déspotas, que o Prata e o Amazonas já são livres!

Ainda assim; a árvore da independência, em cujo tronco o dragão sanhudo ferrara os seus amolados dentes, não deixou de ser regada com sangue, porque as forças vencidas, indo por traição unir-se às do *Madeira* na primogênita de Cabral, aí derramaram tanta consternação quanta Tróia sentira durante seu longo assédio. Quê! não fomos nós do Equador também vítimas da longa tempestuosa noite da escravidão?! E como poderão ser esquecidos esses ultrajes, se não formos generosos?!...

Como o furacão violento, que depois de urgir nas montanhas longínquas se perde no imenso espaço das nuvens, e depois de açoitar as vagas do imenso pélago, que, murmurando

210

de longe, vão com horrífico estampido quebrar-se sobre as margens desabrigadas, assim, se foi o ódio que nos incitou a bradar mil vezes — *Vingança!... guerra, guerra!* — Assim seja esse ódio apagado pelo gelo do esquecimento! Sejamos antes vítimas pela nossa generosidade, que pela crueldade que nos assemelhe aos tigres do despotismo. Ó grande Júlio César, quanto imortalizaste teu nome, mais pela tua clemência e generosidade do que pelo poder que exerceste no maior império do mundo do teu tempo, e do que por teres sido o avassalador de tantos povos à cobiça de Roma! O que tu disseste a Antônio eu repito aos brasileiros — *Quem não é culpado não teme, nem se vinga quando poderoso* — Ah! Possam tão nobres exemplos do conquistador de mil povos através do Reno, ditador das leis aos partos, vencedor da Síria, que abateu o orgulho do célebre Pompeu, inspirar aos brasileiros sentimentos tão magnânimos, liberais, e de piedoso respeito para com os vencidos e humildes, como para com os nobres orgulhosos! César, vencedor de Catão, pedia a este a sua amizade, pois que de suas virtudes cívicas se reputava vencido esse grande capitão! César magnânimo nem tentava contra a liberdade de Bruto, ainda sabendo que este patriota fanático conspirava contra a sua existência. Aí está o mais sábio dos reis da nossa idade, Luís Filipe, rei dos franceses, desarmando com os atos da sua clemência os seus maiores inimigos, que têm jurado assassiná-lo.

JORNAL DE TIMON

A longa, espessa e tormentosa *noite* da vassalagem foi enca-
rada pela última vez! A independência brasílica triunfa, e
triunfará, ou a morte nos há de custar! Este dia nascente é o
vigésimo terceiro da liberdade, que faz brilhar os seus raios al-
vos e luzentes sobre o altar da Pátria, que os recebe com os hi-
nos da vitória que celebramos! O orvalho da madrugada que
borrifou a era da independência é o primeiro louro que cinge
a fronte dos vencedores! O — *perdão para os vencidos!* — é o
novo triunfo político que mais realça a glória do Brasil, por ser
o triunfo da moral e da humanidade.

Dia faustoso da minha Pátria! Recebe pela vigésima terceira vez o mais solene juramento que faço de ser teu fiel guarda,
e sempre respeitador da tua augusta preeminência! Eu vejo
com o maior júbilo congraçadas a religião e a política para te
celebrarem! A Igreja e o patriotismo brasileiro te saúdam no
Oriente com seus cânticos alegres; e com as preces fervorosas
que elevam ao trono do árbitro dos mundos lhe agradecem a
liberdade que nos trouxeste! Eu pois, ó grande dia! entre tantas considerações respeitáveis, eu não reluto de ser teu tributá-
rio! És o autor dos sucessos da minha Pátria! Tens por isso jus
aos votos de respeito do cidadão magnânimo. Tu, ó pai da independência e da liberdade do Brasil, aceita as minhas obla-
ções! Tua glória está a par da grandeza do império: tu viverás
sempre, ó grande dia.

212

O Caruru

Quase que agonizante se mostra a estrela luminosa que há muito corre, e com gigantescos passos sobre os fracos nevoeiros da imortal serenidade, que, correndo por caminhos escabrosos, não pode vencer a forte estação de um rigoroso inverno, ao tempo que audaz e impaciente intenta romper essa relva pacífica que aí tem formado a morada do descanso.

Estranhas regiões invejam esse viver pacífico e venturoso, ao tempo que seus habitantes, privados dos direitos próprios (concedidos por lei da natureza), destroem o tênue suco do limitado alento, para abrirem novas estradas para por elas livres caminharem, e gozarem de um ar mais puro e uma viração mais branda; por conseguinte, anarquizados por essa primeira reflexão, ainda querem mostrar a frieza que os domina, mais e mais firmes sofrem esse segundo abalo que, considerando-o a futuros sendo presente, seus braços não esmorecem e firmes continuam os seus incansáveis trabalhos; ao mesmo tempo que outros os chamam covardes, e nos seus primeiros períodos descrevem-lhes essa escandalosa cronologia, que os deixam imóveis nesse mesmo lugar que ufanos se apresentaram para vomitar esse belígero fel de rancorismo... Agora faz mudança nos depojos da carunchosa lã que os acobertam, mostram-se cordeiros, e humildes esperam o zombador jogar do

JORNAL DE TIMON

menos adestrado serrano; folga com ele o cevador brutal, tudo enfim os convence de seus erros.

Quiséramos à vista de tantos exemplos, maranhenses, quase dizer-vos que vos não deixais[sic] iludir por esses hipócritas; o caminho por onde vos levam imunda[91] crassos pântanos, e essas águas caudalosas vos afogam; não queirais imitar a meia dúzia de aventureiros, que só servem de macular a nossa pátria e a nossa alma em chamarmos nossos patrícios; porém podeis certificar-vos que essas dentadas que sobre eles tem de fixar essa venenosa víbora é remediável; acreditai que tudo são ilusões que despertam essas loucas cabeças a acreditarem que esse primeiro lance, a que muito se ufanam, é a própria glória. Ah! quão enganados vivem! É a própria ruína que jubilosos buscam; é finalmente a própria expiação de tantos erros... Quando vós os virdes chorar o pão, agora também chorai, e lembrai-vos de mostrar-lhes o livro, e as fúnebres páginas, em que, com mão firme e caráter resignado, traçaram essas régias linhas, apontar-lhe-eis também com dedo firme as letras; e, em argumento pedi-lhe os exemplos dessa sintaxe, e os vereis cavaleiros responder-vos com lúgubre som, que vos causarão dor, e os vossos corações despedaçados não lamentaria a sorte desses míseros se não compartilhásseis as lágrimas de uma virtuosa esposa e de um inocente filhinho; correntes assaz duras

---

[91] *Imunda*: provavelmente inunda.

214

PARTIDOS E ELEIÇÕES NO MARANHÃO

e pesadas a cujos ingredientes eles não imaginam que podem dissolver, e a liga que já agonizantes quiserem aplicar já não encontrará aquela consistência... e esta voz ainda vós haveis de ouvir "*Aidez cet homme à porter ce fardeau*".*92

| * Copiado textualmente do *Caruru* nº 2, de 10 de junho de 1846. (N. A.)

| 92 *Aidez cet homme à porter ce fardeau*: ajudai este homem a carregar este fardo.

215

6

Aproximação do dia da eleição — Exasperação dos partidos — Infidelidade do correio, roubo e morte de estafetas — Curiosa correspondência eleitoral — Espancamentos e mortes, distúrbio universal — O medo, nume adorado por antigos e modernos — Diversos graus de falsificação — Decisão de um conselho de recurso — O partido vencedor fracionado — Anarquia na votação — Apuração final — Jogo de atas — Admirável exemplo de fidelidade política — Contradições, esquecimentos e apologia do autor — Assembléia provincial — Eleições municipais — Decepções, lograções, novas cisões e coalizões.

Sem dúvida os discursos e artigos que acabamos de transcrever pouco se parecem com os dos Mêmios,[93] Cíceros e Salústios; as nossas cenas de becos e corredores não

---

[93] *Mêmio*: tribuno romano.

PARTIDOS E ELEIÇÕES NO MARANHÃO

competem com os dramas grandiosos do Fórum e do Capitólio; e se aqui se maneja o cacete e a pedra, os agressores e as vítimas não se chamam Gracos, Catões, Bibulos, Metelos, ou Murenas. Timon o sabe, e o público com ele; trata-se da história eleitoral do Maranhão, e esta consideração deve fortificar a paciência de quem escreve, e servir-lhe de escusa para quem lê.

Depois dos de 28 de julho, seguiram-se os festejos de 7 de setembro, que se passaram quase do mesmo modo, se não é que a animosidade dos partidos, num contínuo *crescendo*, tinha nesta última época chegado a um grau de exacerbação incrível. Assim, os distúrbios entre os diversos grupos foram muito mais sérios e graves, e se reproduziram em muito maior escala por quase todos os pontos da província, havendo até em alguns colisões verdadeiramente sanguinolentas. Por toda a parte terminava a luta com o triunfo dos cangambás, que, sobre terem o apoio dos destacamentos e das autoridades policiais, já eram de si mesmos mais numerosos, como de tempos imemoriais sempre acontece entre nós a todos os partidos governistas.

A cada notícia que chegava dessas perturbações precursoras do grande ato eleitoral, a oposição se evaporava em artigos veementes, onde o público neutral com o paladar já embotado pelo abuso das declamações lia possuído da maior

217

JORNAL DE TIMON

indiferença: — "que mais um escândalo inqualificável, mais uma página de sangue tinha vindo conspurcar a história e a infame administração do mais odioso de todos os déspotas".

A maioria porém não se dava por segura com sua manifesta superioridade, pois sabia bem que por pouco que afrouxasse, os seus adversários a suplantariam; assim as injustiças na designação de guardas nacionais para os destacamentos, as prisões, os processos, as demissões não tinham conta, sendo que a oposição fornecia admiráveis pretextos para tudo, pela turbulência e descomedimento já de todo intoleráveis com que se havia. A par das violências, as fraudes, as trapaças, as traições entre os indivíduos do mesmo lado, as defecções súbitas e julgadas impossíveis antes de realizadas davam cada dia mais animação ao drama. O desejo imoderado, ou antes a fatal necessidade de vencer, obriga os combatentes a dar de mão a todos os escrúpulos, e esporeados pelas paixões más e desordenadas que gera a luta, não há meio reprovado que não empreguem. A competência faz gastar quantias enormes; a infidelidade do correio patenteia os segredos que lhe são confiados, e, se isso não basta, os estafetas são atacados, roubados e mortos nos lugares desertos que atravessam.* E depois, não há jornal que se re-

....

* Histórico. (N. A.)

218

cuse a publicar documentos obtidos a preço de crimes tão abomináveis! Devemos porém confessar que as correspondências colhidas por estes ou semelhantes modos são quase sempre curiosas e picantes, revelam o péssimo conceito que uns dos outros fazem os *amigos* políticos, as traições que reciprocamente premeditam, e se urdem, a fraqueza de suas forças, e em geral as imensas dificuldades com que lutam.

Dos diversos pontos do interior vêm cartas dos respectivos caudilhos, dirigidas quer aos da oposição, quer aos do governo, onde pouco mais ou menos se diz — "que as coisas não estão boas, que é preciso ir um destacamento numeroso para conter a ordem, que sem isso não se faz nada, que o Bezerril está meio virado, porque não lhe quiseram dar o lugar de coletor, e ameaça dar uma denúncia contra o nosso amigo Pamplona pelo desfalque da coletoria; que será bom obter uma carta do negociante Sabóia, a quem o mesmo Bezerril é devedor de não pequena quantia, para vermos se isto se pode arranjar por bons modos; porque o Pamplona, coitado, está muito atrapalhado em seus negócios, e parte do dinheiro que falta ele adiantou para as despesas do nosso partido. Enfim, digo a vossa senhoria em conclusão que nossos adversários estão muito audazes, e só medidas fortes e enérgicas do governo é que poderão decidir o negócio a nosso favor". Ou — "Meu amigo, as coisas não mar-

JORNAL DE TIMON

cham bem por aqui, pois, conquanto o nosso partido seja muito superior em maioria ao do governo, a perseguição no povo miúdo tem sido tal, que poucos nos aparecem, e os que escaparam da rede do recrutamento ficaram jurados para depois das eleições, se se tornassem a meter. De mais a mais, estamos quase sem dinheiro algum para poder sustentar o povo e mais achegas indispensáveis; a subscrição deu em droga, a maior parte respondia que os candidatos gerais é que deviam carregar com as despesas, que a eles já bastavam de sobra os incômodos, comprometimentos etc. etc. Já vossa senhoria há de saber, o nosso 1º juiz de paz Lalau foi botado fora, por nova maroteira de incompatibilidade, suposto semelhante medida veio daí às escondidas para nos apanhar desapercebidos, e por isso talvez não se tenha ainda vulgarizado por aí. Segue-se o Anta que é deles, e todos os mais são nossos, por isso se vossa senhoria pudesse arranjar uma cartinha do comendador Fiúza para este patife se dar por doente, pois o tem pelo cabresto, seria essa a nossa salvação, do contrário nem poderemos fazer as nossas eleições em separado, e é escusado estarmo-nos mais a cansar sem fruto. Não se esqueça de mandar as normas das atas, representações e toda a papelada que devemos remeter, pintando bem o ataque da força no dia da eleição, a fim de ir tudo legal etc.".

220

Da capital se lhe responde: "Que vão apenas dez praças, e não é possível irem todas as que foram pedidas, porque o governo se vê consumido com pedidos de destacamentos para todos os pontos, e já não tem quase força alguma à sua disposição; que no entanto esse auxílio pode ser dispensado, uma vez que o partido todo se apresente, como é de esperar; que são excelentes as notícias recebidas das outras comarcas, e por isso conta-se com um triunfo completo". Ou já: "Que vão as cartas de empenho pedidas, e que não vão as normas, porque é melhor que venham as assinaturas em branco, pois tudo se arranjará aqui mais facilmente, à vista das circunstâncias. Dinheiro não se remete, por não haver, sendo as despesas da capital enormes, e com essas já carregam os candidatos, não sendo razoável sobrecarregá-los com as do interior, não havendo coisa mais justa do que cada localidade fazer por si as suas despesas peculiares, e nossos amigos não têm razão de se quererem eximir delas, pois, com o triunfo do partido, não são só os candidatos que ganham, também eles fruirão imensas vantagens. Que cumpre não desanimar, pois as coisas estão bem figuradas por toda a parte, e conta-se sem falta com a demissão do bandalho do presidente antes das eleições, e para isso só se espera que se fechem as câmaras, para o ministério evitar interpelações".

JORNAL DE TIMON

A eleição devia fazer-se no dia 12 de outubro, e desde o 1º. do mês pode-se dizer que as reuniões eram diárias e permanentes de um e outro lado; a cidade tomou um aspecto aterrador; a atmosfera parecia abrasada, e a tempestade prestes a desfechar; travavam-se rixas a cada canto, ferviam as cacetadas, e as rixas para logo se transformavam em verdadeiros tumultos, que os chefes a muito custo conseguiam pacificar, se não é que alguns muito de propósito os excitavam. Nas classes superiores não se vinha às mãos com tanta facilidade, mas as disputas animadas, as palavras azedas e insultuosas, as brigas, rompimentos e inimizades se repetiam freqüentemente, e as coisas chegaram por fim a termos tais que metade da cidade não tirava o chapéu à outra metade. Esta prova significativa de ódio ou má-criação tornava-se ridícula em certos indivíduos sem importância que procuravam inculcá-la mostrando-se de fel e vinagre para com outros que nem para eles se dignavam olhar. Nos dois últimos dias a patuléia governista ocupou a frente das duas igrejas paroquiais; a contrária ficou um pouco mais distante. Algumas casas da vizinhança foram com antecipação alugadas por um e outro lado. Constou-me que os respectivos proprietários se queixaram depois de lhes não haverem pago os aluguéis. Houve um ano em que as quitandas mais próximas franqueavam liberalmente vinhos e outros líquidos à

222

patuléia sequiosa, mas nos últimos tempos, com a decadência das caixas centrais, secou esta miraculosa fonte.

A noite de 11 de outubro passou-se em terrível algazarra de vivas, foguetes e zabumbas; o entusiasmo e confiança
dos cangambás eram manifestos, ao passo que os brios da
oposição murchavam a olhos vistos, apesar de todos os esti-
mulantes sólidos e líquidos, físicos e morais, com que procuravam erguê-los. À tardinha havia sido distribuído um
Avulso concebido nos seguintes termos:

"O secretário do governo, como órgão de seu digno
amo, o Bode de bicheira, tem proclamado pelas salas de palácio que o governo há de fazer a eleição à força d'armas,
queimando o último cartucho. Resigne-se a oposição que
deve ir às eleições possuída do valor e constância para repelir a força pela força. A convicção do povo deve acompa-
nhar-lho por toda a parte; e se o governo puser em ação seu
tresloucado projeto de repelir o povo, deve o povo mostrar
ao governo que as eleições são do povo, e não do governo.
O governo vai rodear-se de tropa, a lei das eleições, deixando ao povo o voto livre, determina que não haja ostentação
de força. O governo da província não cumpre a lei que garante ao cidadão brasileiro o seu voto, o governo da província se rebela contra a Constituição do Império, e quer que
o povo seja levado de rojo e expelido das igrejas. Mas quan-

JORNAL DE TIMON

to se ilude o déspota, esse vil sertanejo capador de garrotes! Quem é do povo se deve unir, e caminharem todos com ânimo de repelir a agressão, ainda à custa da própria existência. O senhor Mascarenhas quer elevar-se a todo custo, e em seu delírio quer que o dia 12 de outubro seja aquele em que firme a sua elevação com o sangue do povo. Maranhenses! Corramos à urna. União e constância, e seja o nosso grito, vencer ou morrer!"*

Com este, outros diversos artigos circularam na capital; e os dignos e pacíficos habitantes, que com tanta indiferença e sangue-frio haviam de suas janelas e das praças contemplado os festejos e procissões dos meses anteriores, achavam-se já então transidos de susto, e receavam ver deveras a guerra civil ateada na manhã seguinte por toda a província. A experiência porém mostrará que os seus receios eram infundados. Durante a noite, uma sofrível porção de patuléias oposicionistas, dando fé do descoroçoamento dos chefes, se foi escoando à surdina; da gente limpa ou de casaca porém é forçoso confessar que não fugiu ninguém. É bem verdade que só tinham comparecido cinco ou seis dos mais comprometidos e interessados, porquanto os mais se haviam deixa-

---

* Copiado quase textualmente. (N. A.)

224

do ficar em casa, sob diversos pretextos, sobressaindo porém mais geralmente a alegação de que não estavam para sacrificar-se por um partido mal dirigido, e que parecia não ter chefes.

De modo que ao amanhecer conheceram os pobres-diabos que estavam irremissivelmente perdidos. Ainda então fugiram alguns: outros arrependeram-se de se não haverem a tempo declarado governistas; outros enfim fizeram propósito de nunca mais meter-se em política. Era entretanto indispensável pôr termo a uma situação tão desesperada, em que se viam quase arriscados a uma debandada, sem haver ao menos motivo aparente que a desculpasse. Assim que, fazendo das fraquezas forças, cerca das oito horas da manhã se puseram em marcha, com mostras de que queriam penetrar nas igrejas; porém com a vista só de duas ou três patrulhas de polícia que acaso toparam, deram-se por coatos, e gritavam à boca aberta, ameaçando que se iam retirar e protestar solenemente; pois não havia liberdade de voto, quando um grupo de caceteiros contrários, impacientado com tais tardanças e cerimônias, caiu sobre eles, e os afugentou em brevíssimos instantes, não sem resistência de alguns dos da mesma classe, que são sempre os mais maltratados nestas refregas, e os que nelas despendem alguma coragem e vigor.

JORNAL DE TIMON

O partido vencedor, que concentrara as suas forças em um só local, mandou então ocupar a Sé até aquele momento completamente abandonada. Um grupo de cinqüenta homens armados de cacetes, trazendo à sua frente cinco ou seis indivíduos de casaca, um pouco acanhados da figura que faziam, e dos sentimentos que excitavam, atravessou a cidade, soltando foguetes, dando vivas, e entoando por única messeniana[94] o burlesco *Moquirão*. Ao aproximarem-se estes heróicos Tirteus,[95] coxos do espírito, as portas das casas, lojas e tabernas se iam fechando ruidosamente, presumindo cada qual que era enfim chegada a hora do tremendo e receado acometimento.

Dentro em pouco duas girândolas de foguetes anunciaram que as mesas estavam formadas; mas os nossos heróis não deram com isso a tarefa por concluída, e não tendo já adversários reunidos a quem combater, derramaram-se por toda a cidade a cacetar um ou outro antagonista isolado e inerme que acaso topavam, e não tinha tempo de esquivar-se, acolhendo-se em casas alheias ou saltando muros e telha-

[94] *Messeniana*: canto de guerra.
[95] *Tirteu*: poeta ateniense que levou os espartanos à vitória contra os messênios.

dos. Colhidos estes troféus, invadiam lojas e quitandas, nos bairros onde uma demasiada segurança preterira a cautela de fechá-las, e se o taberneiro ousava refusar grátis as prestações que dele exigiam era para logo tratado como bacurau ou jaburu vencido, isto é, espancado.

A muito custo, tarde, e a más horas, conseguiu-se depois arrebanhar esta gente dispersa, cujo número engrossaram muitos patuléias da oposição, que depois da grande debandada arvoraram a libré ou distintivo governista (fitas verdes, amarelas, e encarnadas que enfeitavam os peitos e os cacetes) e fizeram a sua evolução com tal presteza, que inda vieram muito a tempo para ajudarem a cacetar os recentes sócios.

Logo ao segundo dia entraram a chegar as notícias do interior; por toda a parte se repetiram os mesmos tumultos e distúrbios; por toda a parte o governo triunfou, e a oposição fugiu, sem outro inconveniente mais que três ou quatro cabeças quebradas. Mas em Sangra-Macacos, vilota de caboclos, assaz insignificante, não ficaram as coisas nisto, porque assustados os cangambás dos jaburus, que estavam ameaçadores, chamaram em seu auxílio o destacamento da guarda nacional, composto de seis guardas e um sargento, a cada um dos quais se haviam distribuído desde a véspera quatro cartuchos embalados. Inteirada a oposição deste movimento encheu-se por seu turno de terror, disparou em de-

sordenada fuga, e ao dobrar uma das ruas que desemboca-
vam na praça da matriz encontrou-se face a face com o terrível destacamento, sem que no ímpeto com que iam uns e
vinham outros houvesse tempo e maneira de recuarem reciprocamente. E no meio daquela deplorável confusão, isca-
dos também os guardas do mal contagioso do dia, isto é,
desacordados de susto, e sem saberem o que faziam, dis-
pararam as armas ao acaso e sem pontaria, resultando contudo da descarga cair um indivíduo morto, e dois ou três
gravemente feridos.

A história refere que a Antiguidade pagã e supersticiosa
erguia altares ao Medo; fosse superstição ou religião, o culto desta divindade merecia renovado em nossos dias, pois ao
seu benigno influxo é certamente devido o desfecho quase
sempre cômico e ridículo de todas essas bravatas com que
os partidos matam o tempo durante meses inteiros até o dia
da eleição; não podendo atribuir-se um ou outro desastre de
maior conseqüência, como o que acabamos de referir, senão
a excesso de devoção e zelo ao culto.

Ao estampido da descarga imagine cada um como fica-
ria aquela heróica vila; ambos os partidos deitaram a fugir,
cada qual para sua banda, assoalhando por toda a parte que
Sangra-Macacos ficara nadando em sangue, e entregue aos
horrores da mais desenfreada anarquia. Sabida porém a ver-

PARTIDOS E ELEIÇÕES NO MARANHÃO

dade das coisas na capital, o infatigável doutor Afrânio apressou-se a minutar e expedir as atas e instruções necessárias; e voltando os fugitivos aos seus lares abandonados, deu-se a eleição por feita, e os quatorze eleitores daquela importante localidade votaram efetivamente daí a um mês no respectivo colégio eleitoral.

Os chefes da oposição, que se tinham sumido, publicaram ao terceiro dia a seguinte memorável proclamação:

Maranhenses! Atentados inauditos acabam de ter lugar em nossa pátria natal; o povo que por toda a parte se apresentou pacífico e inerme a exercer um direito sagrado que lhe garante o Pacto fundamental do Império foi por toda a parte recebido na ponta das baionetas do tirano! Nesta capital, e em diversos outros lugares, foi impiamente derramado o sangue brasileiro; porém em Sangra-Macacos correu ele em jorros, e muitas vítimas foram sacrificadas ao feroz canibalismo que enluta este outrora feliz torrão, parte integrante da América livre! O povo maranhense se tem mostrado digno do glorioso nome de brasileiros, pois querendo evitar uma conflagração geral tão almejada por nossos opressores, tem-lhes abandonado o campo, e as igrejas onde só reina o estridor das armas.

Maranhenses! A vida de nossos concidadãos está à mercê do bacamarte dos sicários; porém tende mais um pouco de resignação e nossos clamores, subindo os degraus do trono, hão de

229

JORNAL DE TIMON

ser atendidos pelo nosso magnânimo monarca. Saiba o Maranhão, saiba o Brasil, saiba o mundo inteiro, que os maranhenses, sem cederem um ápice de seus direitos, conhecem igualmente seus deveres, e não há sacrifício a que não se sujeitem gostosos para não desrespeitá-los.

Viva sua majestade o imperador!

Viva a liberdade de voto!

Vivam os maranhenses livres!

Maranhão, 15 de outubro de 184...

(Seguem-se as assinaturas de cinco membros da Comissão Diretora.)

Os jornais referiram os fatos cada um segundo convinha ao seu partido; os da oposição afearam a catástrofe de Sangra-Macacos; os do governo disseram que o destacamento, apenas de quatro homens, não fizera mais do que repelir os desordeiros que haviam acometido o quartel para se apoderar do armamento, e porem em execução seus negros planos de matança e roubo; mas o excelentíssimo Bernardo Bonifácio, dando conta ao ministério da maravilhosa tranqüilidade com que se passara a crise eleitoral, e do sossego e boa ordem com que em geral tudo se havia feito, sobre este desaguisado encaixou o seguinte período — "Há apenas a deplorar o grave conflito que se deu entre os dois partidos na vila de Sangra-Macacos, do qual resultou a morte de um in-

230

divíduo e o ferimento de dois; mas tenho a satisfação de asseverar a vossa excelência que a ordem foi prontamente restabelecida, e organizada a mesa na forma da lei, e concluiu-se o processo eleitoral com a maior calma e regularidade".

Quando Vinagre, nos lúgubres dias de 1835 no Pará, tendo feito fuzilar a Malcher, lhe sucedeu na intrusa governança, dirigiu uma circular aos seus colegas legais, em que se exprimia da maneira seguinte: "Participo a vossa excelência que, havendo *falecido* o presidente Félix Clemente Malcher, tomei posse do governo, em cujo exercício me acho pronto a cumprir as ordens de vossa excelência, quer tendentes ao serviço público, quer ao particular de vossa excelência a quem Deus guarde muitos anos".

É mister confessar à vista destes dois exemplos que não há nada como saber referir as coisas nos seus devidos termos.*

————

* Estes e os fatos que se seguem referem-se a anos anteriores a 1852, quando escreveu e publicou Timon esta parte da sua obra. As coisas têm melhorado, ao menos no que respeita ao processo eleitoral, de 1860 em diante. (N. E. 1864)

JORNAL DE TIMON

Depois dos tumultos, distúrbios e espancamentos que precederam e acompanharam a conquista e a formação das mesas, começaram as operações eleitorais sob formas variadas e distintas em cada uma das freguesias da província, posto que a matéria fosse regulada pelas mesmas leis, instruções e avisos. É que antes, durante, e depois das violências e espancamentos, a falsificação trabalhara em larga escala.

As falsificações fazem com efeito um grande se não o primeiro papel nas nossas eleições; começam no primeiro dia, acabam no último, revestem todas as formas, tomam todas as dimensões, são de todas as espécies, materiais e morais, delicadas e grosseiras, máximas, médias e mínimas, gerais, parciais e pessoais, absolutas ou relativas, recíprocas e convencionais, exclusivas e aquisitivas, de aumento e diminuição, e têm, como os papas, o poder de ligar e desligar. O que o leitor já tem visto, e o que passa agora a ver, justificará sobejamente esta classificação.

Logo no princípio temos a falsificação por meio da corrupção, da difamação, do louvor e vitupério indevidamente distribuídos, da exaltação e aberração dos espíritos. É o que se chama o falseamento da opinião, e sem isto não há eleição.

Segue-se-lhe imediatamente o falseamento do sistema, mediante a abusiva interferência do governo, que paralisa,

232

estende, encolhe, sofisma e desnatura a lei nos seus regulamentos e avisos sem conta, expedidos segundo as exigências e interesses encontrados das facções, e por conseqüência variáveis ao infinito, contraditórios e repugnantes entre si. As declarações de incompatibilidade são uma das minas mais fecundas que o governo, ou os partidos em seu nome, costuma explorar; e é mediante o seu auxílio que são freqüentemente inutilizadas turmas inteiras de funcionários eletivos, juízes de paz, eleitores e vereadores, que a lei em sua maravilhosa sabedoria, e para evitar a influência apaixonada do momento, tinha com antecipação designado para compor as mesas.

Nas qualificações e revisões, as mesas já falsificadas falsificam por seu turno, alistando os incapazes, e excluindo por centenas os cidadãos já anteriormente qualificados, e sobretudo tomando as decisões às ocultas, e à última hora, para que os prejudicados não possam recorrer a tempo e em devida forma.

Se acaso recorrem, lá estão os conselhos de recurso, eivados do espírito de partido, e compostos de homens estúpidos e ignorantes, quando não velhacos, para darem ou negarem provimento, contra a justiça, e segundo os interesses. De resto, as leis eleitorais que deviam ser concisas, simples, claras, acomodadas à inteligência da multidão imensa que

233

JORNAL DE TIMON

intervém na sua execução, constituem pelo contrário um código vastíssimo, complicado e obscuro. A seguinte decisão de um conselho de recurso que subiu à nossa relação dá a medida tanto da execução das leis, como da capacidade dos executores.*

O concelho vendo com a mais elegante atenção o requeremento que em çeção de Oje le aprezentou o sup Protestando contra este Conçelho e impondo-le ob'gações das quaes ele ciacha, digo se acha despido, julga ser mais por vma immoral vingança do que vm sinçero desejo na Qualificação de immenças peças as quais talves nem as conheça, quanto mais intereçar se tão zelozamente por ellas como mostra; mais este Conçelho revestido de toda equidade e pordencia suporta tais ataques; e tão pozitivos!!! pois tendo deferido na petição do cidadão F... que na forma do citado Decreto estava lavrado seu protesto de recurço; p.^{m} já aparicerão as testimunhas para assignarem com o dito recorrente? Não!! Por ventura será por culpa e negativa do Conçelho! é negligencia de que quem digo ou por negligencia de quem recorreo; ou seria mister o Presidente ofiçiar as mesmas testemunhas, desta forma tem este Conçelho, deferido as suas razõens de que não são actendidos

───────────────

* Copiado *verbo ad verbum* do original. (N. A.)

234

por este Concelho. Villa de.... em seção ultima de seus trabalhos aos... de... 184... (Com tres assignaturas.)

Nos primitivos tempos, organizada a mesa, ainda que fosse uma vantagem considerável o ter um dos partidos a maioria dela, nem por isso o partido contrário se dava por vencido e abandonava o campo; a vitória era disputada até o fim, e quem não fazia os eleitores,[96] fazia ao menos os su- plentes. Estes costumes da idade de ouro eleitoral ainda du- ram na tradição dos povos, mas já não pertencem à nossa época, onde mesmo todas essas laboriosas falsificações de alistamentos vão caindo em desuso, como inúteis e próprias só de gente simples e pouco civilizada.

As operações eleitorais passaram-se nas diversas fregue- sias da seguinte maneira:

Na Sé, recebidas umas cinqüenta listas por mera forma- lidade, a mesa suspendeu os trabalhos, e nos dois ou três dias seguintes em que continuou a aparência deles, os dig- nos membros apenas compareciam, e se demoravam alguns momentos, para constar, porque em casa é que se fazia o trabalho real das atas. Em resultado, não só os eleitores saí-

---

[96] *Eleitores*: as eleições eram em dois graus, os votantes escolhiam os eleitores que escolhiam os deputados e senadores.

ram todos cangambás, senão que sucedeu o mesmo com as três mais próximas turmas de suplentes. Não valeu isso para que na primeira ocasião estivessem já todos divididos, retalhados e inimizados, desde os mais até os menos votados. Um dos mesários zombeteando espirituosamente sobre a liberdade dos sufrágios, e a pureza virginal da urna, fez que a diversos oposicionistas distintos se contassem dois, três, ou quatro votos.

Na Conceição, concluídos os preparatórios, e no momento de começar a recepção das listas, é que se deu fé de que ninguém se havia ocupado em escrevê-las, nem ainda os próprios mesários! O trabalho de escrever e passar chapas já ninguém o toma, porque de todas as formalidades sem dúvida a mais inútil é a de dar e apurar votos. A notícia da ausência absoluta de listas foi recebida pela turba circunstante com estrepitosas gargalhadas; e quando o presidente da mesa para poupar fadigas inúteis disse alto e bom som: — *Meus amigos, não se incomodem, que nós arranjaremos tudo* —, a sua voz eloqüente foi coberta por um trovão de apoiados.

No dia seguinte pela manhã vendo os chefes que a patuléia era tão inútil como pesada, trataram de despedi-la dizendo-lhe mentalmente um saudoso adeus até o próximo recrutamento. Nesse mesmo dia, às cinco horas da tarde, passando Timon pela frente da igreja apenas deparou qua-

PARTIDOS E ELEIÇÕES NO MARANHÃO

tro ou cinco soldados, sentados ou a dormir no alpendre vizinho, dez ou doze granadeiras ensarilhadas à grande porta, eram os únicos votantes que ali se viam, e dentro não respirava fôlego vivo, a não ser o do sacristão. Os digníssimos mesários estariam naturalmente executando em suas casas o artigo da lei que manda trabalhar até sol posto.

Em Sangra-Macacos já o pio leitor sabe o que aconteceu.

Em Afoga-Bugios, conhecendo o reverendo vigário[97] que o seu partido ia debaixo, assentou em inutilizar o mais possível o triunfo dos contrários, reduzindo os fogos[98] de maneira que em vez de oito ou nove eleitores que de muitas legislaturas atrás dava aquela freguesia, desse então somente quatro. Mas os cangambás, que lançavam outras contas, arrancaram o edital da porta da matriz, e no dia 12 de outubro, formada a mesa, entraram a apresentar as suas listas com vinte e quatro nomes! O reverendíssimo, como cada um imaginará, objetou logo que tais listas se não podiam receber, pois a freguesia não tinha mais de 410 fogos;[99]

---

[97] *O reverendo vigário*: os párocos eram encarregados de afixar nas portas das igrejas o número de fogos da freguesia.

[98] *Fogos*: domicílios.

[99] Para entender o cálculo, leve-se em conta que devia haver um eleito por cem fogos.

237

JORNAL DE TIMON

mas a turba gritou que não havia tal, que o reverendo vigário estava enganado ou esquecido, que o seu edital rezava de 2432 fogos! Os vinte e quatro eleitores foram, é certo, apurados, e tiveram depois assento e voto no colégio das Guaribas, mas o vigário de enfadado recusou cantar o *Te Deum*, finda a apuração.

Em Quebra-Bunda deixou de haver eleição, por não terem chegado a tempo as ordens para tal fim expedidas pela presidência; e as respectivas autoridades, tanto de um como de outro partido, tiveram de mais a mais a simplicidade de participar esta estupenda ocorrência por modo tão público e oficial que não foi possível tornar atrás, quando os chefes da capital, ardendo em cólera, lhes fizeram sentir a asnidade do seu procedimento, tão inqualificável, quanto teria sido fácil aproveitar-se, cada um pela sua parte, da estupidez do lado contrário. E com efeito, custa a compreender como é que nesta heróica província, e em pleno século XIX, haja ainda quem se exponha por este modo às vaias dos povos civilizados.

No Saco-dos-Bois deu-se outra incrível anomalia, mas felizmente a sandice foi ainda reparada a tempo, e por um modo que honra o espírito e a ilustração daqueles bons sertanejos. Pois o partido governista, tendo o destacamento e a maioria da mesa da sua banda, não caiu contudo na espar-

238

rela de receber as listas, uma por uma, e com o maior escrúpulo? Resultou daí que a oposição alcançasse a maioria; mas
os mesários e seus aderentes, conhecendo enfim o erro que
haviam cometido, tais disputas armaram durante a apuração, sobre a legalidade de cada lista que se ia lendo; e os
oposicionistas, sustentando a controvérsia, se prestavam de
tão boa graça e com tanto fogo e ingenuidade ao manejo,
que se passaram cerca de vinte dias antes que pudesse ser
concluída a apuração. Mas, ó desgraça! Na contagem final
dos votos verificou-se que eles não correspondiam ao número das listas e dos nomes de cada uma delas! Foi preciso pois
recomeçar segunda e terceira vez; e por tal modo andou o
negócio, que no dia da reunião do colégio,[100] os eleitores
desta freguesia, em número de trinta, ainda não tinham diplomas, e por isso não foram admitidos a votar.

Nos Moquens as coisas se passaram de um modo novo
e picante. O juiz de paz e eleitores, que tinham de compor
a mesa nesta freguesia, eram todos bacuraus que haviam ultimamente rompido com os cangambás, mas por fortuna
destes, e como era de razão e da natureza das coisas, com o
rompimento bacurau, veio a aliança dos jaburus. Estes nas

---

[100] *Colégio*: reunião dos eleitores para eleger os deputados.

JORNAL DE TIMON

eleições passadas haviam feito as suas atas que, verdadeiras ou falsas, tinham sido então repelidas pelos seus adversários coligados. Pois bem, na eleição atual apresentou-se impavidamente a turba dos eleitores jaburus anulados pela câmara dos deputados, compôs a mesa, e fez a eleição, que foi em tempo competente aprovada pela nova câmara, ficando assim entregue ao merecido desprezo a eleição dos contrários.

Nas Guaribas não compareceu um só governista; o primeiro juiz de paz, que era cangambá, escondeu-se de tal modo, que não foi possível dar com ele; a oposição procedeu ao ato com o juiz imediato. Quando porém o colégio teve de reunir-se compareceram uns improvisados eleitores cangambás com diplomas assinados pelo primeiro juiz de paz, nos quais se figurava uma eleição com mais de seiscentos votantes. Foram admitidos, e em tempo oportuno definitivamente aprovados pelo poder competente.

Na Palmeira-Torta, a oposição repelida à viva força da matriz votou em uma casa particular, mas como da capital lhe haviam feito sentir que a circunstância do local era de grande peso, na ata deu-se a eleição como feita na matriz. O juiz de direito e o vigário informaram nesse sentido, mas o juiz municipal e o subdelegado fizeram participação contrária. Em regra, onde a oposição, tolhida de votar, forjou atas falsas, teve o cuidado de figurar o ato como passado na matriz. Os governistas tremiam de cólera à vista de tanta desmoralização e impudência; mas como a lei, ou antes os regulamentos eleitorais permitem que a justificação de todos e quaisquer atos e circunstâncias relativas ao processo eleitoral, possam dar-se simultaneamente perante os juízes de paz, municipais, e de direito, cada partido recorria à autoridade que era mais da sua feição, produzia documentos autênticos e testemunhas respeitáveis maiores de toda exceção; e em resultado fatos, que se excluíam reciprocamente, eram declarados verdadeiros e reais por sentenças do poder judiciário.

Porém o derradeiro, supremo, e absoluto grau de falsificação dá-se quando um só indivíduo, sem o auxílio de mais pessoa alguma, fechado no seu gabinete, fabrica todos os documentos necessários, e os assina por todos aqueles cujo concurso é indispensável.

Outras muitas espécies, formas, e maneiras de falsificação se costumam usar, que Timon se vê obrigado a omitir nesta já prolixa enumeração, confiado no douto suprimento do experiente e benigno leitor.

Quanto fica referido é relativo às eleições primárias. Da reunião dos colégios eleitorais haverá certamente pouco que dizer, porque como vencesse um·só partido, completamente,

JORNAL DE TIMON

e por toda parte, é de esperar que tudo se passe na melhor ordem e harmonia. A história do colégio da capital nos dirá porém a real verdade das coisas, e servirá ao conhecimento do que com pouca diferença se passou nos do interior.

Contar com a paz e harmonia nos colégios eleitorais era o mesmo que não contar com o seu hóspede, quero dizer, com a turba dos candidatos em número de quinze, quando os lugares a conferir mal poderiam acomodar uma terça parte deles. É verdade que, destes honrados pretendentes, já alguns menos bem apadrinhados e influentes se dariam por afortunados com a primeira ou segunda suplência, mas infelizmente mesmo neste terreno secundário a luta se travava com igual ardor. Por esta forma, a respeitável e compacta maioria cangambá logo nos primeiros dias do seu esplêndido triunfo se achava dividida em três facções consideráveis, e os bichos do mato seriamente ameaçados de prestarem os seus nomes ridículos e esquipáticos[101] para designação das futuras recomposições.

Reunido o colégio, o presidente designou para formarem a mesa provisória, como os mais moços dentre os eleitores, a quatro indivíduos da sua íntima confiança, dois dos

---

🐾 | [101] *Esquipáticos:* extravagantes.

quais já começavam a pintar de um modo pouco congruente para as suas pretensões de rapazinhos solteiros. Uma das facções em minoria reclamou contra semelhante escândalo; a maioria respondeu com retumbantes apoiados à decisão do presidente que sustentava a designação. Trocaram-se insultos e palavras vergonhosas de todo o gênero. Na apuração do escrutínio para a mesa definitiva, e na das listas da eleição, foram os escrutadores e secretários argüidos de trocar, substituir, engolir, e não contar os votos; e a esse propósito levantavam-se a cada passo novas e mais indecentes algazarras. O presidente ameaçou a alguns dos eleitores mais recalcitrantes de os fazer retirar ou expulsar do colégio, mas eles declararam que tratavam a ameaça com o merecido desprezo, e ir-se-iam embora sim, mas somente para não autorizarem com sua presença e assinatura a farsa escandalosa que se estava representando. E efetivamente recusaram-se depois a assinar as atas.

Na eleição dos deputados provinciais houve uma verdadeira anarquia e dispersão de votos. A ralé a quem os chefes tinham conferido diplomas de eleitor, ou por necessidade, ou na esperança de dominá-la mais facilmente que a outras pessoas mais gradas, assentou de aproveitar a ocasião, e vozeando que nem sempre deviam servir de escada, barganha-

JORNAL DE TIMON

ram ali os votos uns com os outros com tanto descaramento como boa fortuna.

Nos mais colégios as coisas correram, com pouca diferença, por este teor, com a única exceção do mais vizinho,
onde a harmonia e união dos eleitores era real e perfeita,
mas onde eles de indústria travaram altas questões, que con-
sumiram dois dias, até que, conhecido o resultado da eleição na capital, pudessem por ele pautar as suas, como melhor servissem ao triunfo dos seus candidatos prediletos. E
as operações terminariam aqui, se não houvessem comparecido apenas setenta e dois eleitores, sendo aliás o colégio de
noventa e oito, que figuraram todos como presentes. Tornou-se pois indispensável andar um postilhão[102] de fazenda
em fazenda a colher as assinaturas dos remissos, imitando-
se porém com a maior perfeição as daqueles que de todo
não foi possível encontrar.

———

Chegou enfim o dia da apuração final. Como as duplicatas[103] eram numerosas, e não havia uma só ata que não

....

| [102] *Postilhão*: mensageiro.

| [103] *Duplicatas*: a oposição fazia às vezes eleições em separado, geran-
do as duplicatas de atas.

244

PARTIDOS E ELEIÇÕES NO MARANHÃO

fosse mais ou menos falsificada, a câmara da capital exercitou uma verdadeira ditadura, escolhendo e apurando as que bem lhe pareceu, e contando em separado os votos das rejeitadas. Entre as preferidas, observou-se com pasmo que fora uma da oposição, absolutamente falsa, e fabricada na capital nas vésperas da apuração; e a razão disso foi que excluindo-se por este modo a ata governista do Pau-Deitado, ficava de fora um candidato já desavindo com a maioria da câmara, que naquele colégio obtivera unanimidade de votos. Para dizer tudo em uma palavra, foi a câmara municipal apuradora quem em último resultado fez as eleições, expedindo diplomas a seu bel-prazer, habilitada para isso pela multiplicidade de atas postas à sua disposição e escolha.

Entre os diversos indivíduos que obtiveram votos, Timon notou os seguintes:[104]

Excelentíssimo presidente doutor Bernardo Bonifácio 458
Secretário do governo doutor Afrânio 361
Doutor chefe de polícia Porto Carrero 360
Doutor Bavio! 322
Coronel Santiago 301
Doutor Loyola, inspetor da Tesouraria 280

[104] O Maranhão fazia seis deputados gerais; os seis primeiros eram os eleitos.

245

JORNAL DE TIMON

Seguiam-se:

Comendador Saraiva 200

Tenente-coronel Fagundes 187

Doutor Azambuja 160

Conselheiro Artur 165

Excelentíssimo Anastácio Pedro 1

E diversos outros que não importa declarar. Na multiplicidade de fatos que tinha de historiar, esqueceu-se Timon de referir que mal foi conhecida a votação do colégio da capital, e se soube que o único voto obtido pelo excelentíssimo ex-presidente Anastácio Pedro lhe fora dado por seu amigo predileto, o senhor coronel Santiago, toda esta cidade não teve mais que uma só boca para elevar até as nuvens este rasgo de heroísmo, amizade e fidelidade política; e conheceu-se então que não era tão verdadeiro como geralmente se supõe aquele conceituoso dito de um dos nossos mais práticos e profundos estadistas — *que em tempos de eleição ficam suspensas todas as garantias da honra e probidade.*

Estou já prevendo que muitos dos meus amáveis leitores hão de fazer numerosas objeções a esta minha fiel narração, argüindo-a de inexata, incoerente e contraditória. Como é que o doutor Bavio, morossoca furioso, aparece um dos mais votados da chapa cangambá? Como é que se refe-

246

PARTIDOS E ELEIÇÕES NO MARANHÃO

rem fatos eleitorais que ora presumem o regime das instruções de 26 de março de 1824, ora o da lei de 19 de agosto de 1846, dita a *Vestal*? Como é que sendo o aumento da nossa deputação tão recente, já na era de quarenta e tantos se dão seis eleitos?

Timon responderá ingenuamente à maior parte destas perguntas — que não sabe; hão de sem dúvida ser desses mistérios e obscuridades históricas que os sábios de todos os tempos têm deplorado sem os poder decifrar e esclarecer. Ainda hoje se contende sobre qual fosse o primeiro e verdadeiro descobridor da América. Na história do cavaleiro da Mancha a mulher de Sancho ora se denomina Teresa, ora Joana Pança; e o seu ruço, de pacífica e estafada memória, que o autor deu furtado nas asperezas de Sierra-Morena, daí a pouco aparece cavalgado pelo ilustre governador da ilha Barataria. E da longa e prodigiosa existência do povo romano não faltam críticos de má morte que façam amputação de todo o primeiro período dos reis, como apócrifo e fabuloso. Que muito é pois que aconteça outro tanto, e mais ainda, a quem se enreda no labirinto inextricável das nossas eleições, sem o novelo protetor de Ariadne? O que posso asseverar é que nas memórias que consultei tudo se acha ponto por ponto, bem e verdadeiramente como aqui o transcrevo.

247

JORNAL DE TIMON

Bem entendido, falo das outras pretendidas contradições, porquanto a que é relativa ao doutor Bavio, essa posso eu explicar naturalmente, e nem o leitor a teria capitulado de tal, se lhe eu houvera oportunamente noticiado uma das ocorrências mais importantes da administração do senhor Mascarenhas, como foi a reunião da assembléia provincial, poucos meses antes do dia fixado para a eleição primária.

Por causa das últimas dissidências, não havia na assembléia partido decididamente preponderante, senão três ou quatro pequenos grupos; e posto que estes depois de bem trabalhados se refundissem em dois únicos, de governistas e oposicionistas, as forças todavia se equilibravam por tal modo, que a cada momento a maioria se deslocava, já pela falta momentânea de um dos membros, já pela súbita chegada de outro. Que trabalho não teve o pobre do governo para afinal conseguir uma maioria dolosa e duvidosa de três ou quatro votos! Foi-lhe mister entrar em toda a casta de transações, e mostrar uma condescendência inesgotável. Cada um dos dignos membros fez naquela crise por ser homem; um pediu patente; outro, emprego; este enxertou no orçamento a compra de umas casas para cadeia e sessões da câmara na sua terra; aquele exigiu e obteve a indenização de dois contos de réis de prejuízos que nunca sofreu, em certo

248

PARTIDOS E ELEIÇÕES NO MARANHÃO

contrato, uma de cujas condições era a renúncia de qualquer reclamação desta natureza. Fizeram-se leis pessoais, ordenou-se o pagamento de dívidas ilíquidas, e houve sobretudo numerosos aumentos de ordenados, de cinqüenta até duzentos mil-réis, para este ou aquele vigário, professor, ou empregado de fazenda. Os ilustres membros procediam na adoção destas variadas medidas, auxiliando-se reciprocamente, e segundo os seus ódios, afeições, interesses e caprichos, sendo que para muitas destas boas obras os dois lados inimigos, depondo no altar da pátria os seus indiscretos ressentimentos, ofereciam ao mundo o espetáculo da mais tocante e cordial inteligência. Escuso aqui dizer que a formidável cláusula — *desde já* — fulgurava com o costumado esplendor em quase todos os artigos das disposições gerais da grande lei financeira.

Pois bem, o nosso doutor Bavio soube manobrar com tanta destreza no meio das flutuações do primeiro período da sessão, que na eleição da mesa para o segundo mês conseguiu fazer-se nomear presidente. O partido do governo não podia sofrer maior revés, e resolveu-se a todos os sacrifícios para conjurar as suas conseqüências. Empregaram-se os meios costumados em tais ocasiões, e o doutor Bavio, que ocupava uma posição preponderante na assembléia, e ao demais tinha grande influência em um dos colégios mais

JORNAL DE TIMON

numerosos do interior, passou-se com alguns amigos para o governo, com a promessa de ser um dos candidatos à deputação geral. É certo que os seus abandonados companheiros afearam horrivelmente esta nefanda defecção, e obsequiaram o desertor com tremendas descomposturas nos jornais; mas ele respondeu-lhes nobremente que estava farto de aturar uma turba de gritadores baldos de mérito, e não podia mais haver-se no meio de uma facção multicor, agregado incoerente e repugnante de grupos antipáticos, que, unidos só pelos laços indecorosos do ódio e da ambição, cada dia se mostravam, pelos seus excessos e desmandos, mais avessos aos princípios de ordem que ele doutor Bavio sempre professara.

Esta transação não pôde efetuar-se, ou *ajeitar-se*, como se dizia em linguagem da época, sem o sacrifício do doutor Azambuja, que foi *taboqueado*[105] da maneira mais cruel e mais picante ao mesmo tempo. Guardaram-lhe segredo até a última hora acerca da sua resolvida exclusão; e tendo ele remetido em branco a ata do seu colégio, encheram-na os cabalistas da capital à sua custa com o nome do doutor Bavio.

_____

[105] *Taboqueado*: enganado.

250

Dois meses depois das eleições gerais, fizeram-se as municipais. Que contraste! Reinava por toda parte a tranqüilidade, ou melhor direi, a indiferença. Dir-se-ia que a cidade inteira ignorava que aquele dia era de eleição. Em cada freguesia compareceram apenas de quinze a vinte pessoas, do só lado dominante, e eram os candidatos aos lugares da eleição, ou pretendentes aos empregos que os eleitos dentro em pouco deviam distribuir. Foi com extrema dificuldade que se puderam arranjar eleitores e suplentes para a organização das mesas; o resto do trabalho, sim, expediu-se com maravilhosa prontidão. O partido vencido absteve-se completamente, porque com a perda das eleições gerais ficara quase aniquilado, desertando-lhe a maior parte das forças, de maneira que nem ao menos podia fazer uma simples demonstração que tivesse visos de seriedade. Neste extremo de fraqueza e impotência clamavam, não obstante, os seus jornais que a grande maioria da província, não querendo vindicar os seus direitos pela força, abstinha-se de tomar parte nas eleições, e deixava que o governo e os seus *capangas* por si sós desempenhassem a ridícula farsa que estavam representando.

No seio da própria maioria, quero dizer, do partido vencedor, havia também inimigos recentes, e eram todos aqueles que haviam sido *taboqueados* em ambas as eleições, ou

fraudados no cumprimento das promessas a que elas tinham dado ocasião, o doutor Azambuja, por exemplo, que
em vão lidara por *furar* a chapa no ato da apuração; e o nosso conhecido velho, o senhor Quintiliano do Valle, que viu
dar o suspirado lugar do açougue a um gritador e caceteiro
mais danado que ele. Estes, e a turba inteira dos *mamados*,
elemento esperançoso de futuras recomposições, se desfa-
ziam em queixumes e imprecações contra a má-fé, falta de
palavra, imoralidade, e prepotência da rodinha diretora, e
com uma franqueza digna de melhores tempos bradavam ao
céu, à terra, e talvez mesmo ao inferno, que estavam prontos a ligar-se, ainda que fosse com o diabo, para darem por
uma vez a queda em semelhante corja.

Mas já é tempo de terminar esta verídica história da
campanha eleitoral sucedida na gloriosa administração do
senhor Bernardo Bonifácio Montalvão de Mascarenhas;
mais tarde talvez continuaremos as notícias das grandes coisas que acabou e prefez este exímio administrador, mediante a valiosa e eficaz cooperação dos escolhidos da província.
O que cumpre agora é apreciar mais de espaço os acontecimentos que acabamos de narrar sob o ponto de vista moral

e político, a fim de que possamos tirar deles ocasião para ensino e emenda, se é possível haver emenda, em um estado tão caído e malparado como o nosso.

7

Últimas cenas e últimas feições — Os instrumentos dos partidos — As eleições — Os grandes e pequenos jornais — A luz do inferno de Milton — Os presidentes — *Faciamus experimentum in anima vili.*

Desde a demissão de um presidente e a posse de outro, desde as primeiras saudações até as últimas injúrias, desde o esboço do plano até a consumação da campanha eleitoral, Timon tomou os nossos partidos provinciais, e os deu em pública exposição, pela face mais trivial por que eles costumam mostrar-se e desenvolver-se, sobre o terreno que mais amam pisar, e no meio dos instrumentos de que mais usam para exercer a sua ação, que vem a ser, as eleições, os presidentes e os jornais. O desmaiado das cores e a pouca vivacidade e movimento da narração revelam sem dúvida o minguado talento do autor, e sobretudo o seu tédio e aversão para as cenas e caracteres que descreve e pinta; mas da frouxidão da pintura ninguém vá indiscretamente concluir contra a veracidade do quadro, salvo se o argüirem de omisso, pois em verdade ficaram ainda por dizer muitas coisas incríveis em outros tempos e lugares, umas abomináveis e torpes, outras simplesmente cômicas e risíveis.

Essa omissão porém que se deu forçosamente em uma longa narração, onde não era possível acompanhar o Proteu em todas as suas infindas transformações, cumpre agora repará-la, seja na exibição das cenas, fatos, circunstâncias, anedotas, tendências e fisionomias que escaparam, seja na apreciação moral com que se complete esta parte do trabalho que empreendemos.

_____

Assim como os nossos partidos nas suas eleições passam do tumulto, da anarquia, quase da guerra civil, para o abandono, a solidão e o silêncio, assim passam às vezes das proporções colossais e das quantidades máximas para as infinitesimais e homeopáticas. Em 1841 tivemos onze mil eleitores, se não reais e perfeitamente de carne e osso, ao menos bem e devidamente escriturados e aprovados nas atas admitidas à apuração, sem contar ainda os milhares que figuravam nas atas rejeitadas. Depois dessa época porém caímos na vergonhosa minoria de quatrocentos a quinhentos, e nem estes compareçam nos respectivos colégios, sendo às vezes difícil, se não impossível, organizar a mesa.

————

A lei manda publicar por editais e periódicos o resultado das eleições; e não era mister que o mandasse, por ser isso a coisa mais simples e natural sob o regime de publicidade, discussão e livre exame em que vivemos, ou devêramos viver.

Entretanto, sucede muitas vezes publicar-se a votação dos colégios mais remotos, como Brejo, Caxias, Pastos-Bons, ao passo que se conserva sob o selo do mais rigoroso segredo a da capital, Alcântara, Viana, ou outro igualmente próximo. Pelo menos não aparece documento oficial do que neles se passou, nada se pode saber ao certo e com exatidão, e fica livre ao cabalista somar, diminuir, multiplicar e repartir os algarismos, a seu talante, e até a última hora.

————

Para que porém falar em lei? Logo que se publica algum novo código ou regulamento eleitoral, as nossas principais cabeças políticas se entregam a um minucioso e rigoroso estudo... de todos os seus defeitos para aproveitá-los, e de todos os meios próprios e prontos de iludir e fraudar a execução. E é força confessar que os milhares de avisos expedidos para explicar e aclarar a lei, a sua genuína inteligência se torna tão obscura e difícil de penetrar, que com isso se suaviza grandemente a tarefa dos expositores e intérpretes a que há pouco nos referimos.

———

A violência parece ser uma das condições indeclináveis do nosso sistema eleitoral. Durante a crise, e sobretudo no dia da eleição, o espanto e o terror reinam nas cidades, vilas e povoações; os soldados e caceteiros percorrem armados as ruas e praças; há gritos, clamores, tumultos de todo o gênero; dir-se-iam os preparativos de uma batalha, não os de um ato pacífico, e a cena de feito termina às vezes com espancamentos, tiros e descargas.

E por mais que se espanque, fira e mate, não haja medo que se prendam e processem os delinqüentes, a menos que isso não sirva ao triunfo do partido que tem por si a autoridade; todos esses atentados são tidos e havidos como *legítimas conseqüências*, ou um mal irremediável que cumpre tolerar e dissimular. A um delegado ouvi eu já lastimar do fundo do coração que se encarecesse tanto o sangue de três ou quatro cabeças quebradas, quando em umas eleições de Lisboa o próprio ministro Costa Cabral fora publicamente esbofeteado. Presumo que este digno agente da polícia folgaria de ver importado e introduzido no nosso país este

JORNAL DE TIMON

adorável melhoramento material, salva a pequena modificação acomodada às nossas circunstâncias, de ser a bofetada
impressa antes na face de algum revolto chefe oposicionista, do que na de qualquer ministro ou presidente.

Se os criminosos ficam impunes, não é que haja míngua de processos, pois em algumas épocas eleitorais se têm
eles organizado por dezenas. Antigamente, findo o pleito e
contenda política, as absolvições dos processados se faziam
perante o júri, em massa, e quase sem exame, tal era o conceito que dos processos se formava. Assim, primeiro se es-
carnecia o direito do voto, depois a justiça.

Nos últimos tempos porém, e aperfeiçoando-se os partidos na virtude, nem todos os processados têm saído a tão
bom barato das redes judiciárias. Alguns hão sido persegui-
dos com encarniçamento muito além do prazo em que convinha tê-los inutilizados; outros são mortos ou feridos a pretexto de resistência nos varejos diurnos e noturnos que se
fazem por esses ermos, com o fim de aterrar e afugentar.
Porquanto, se infelizmente muitos criminosos e malfeitores
dormem seguros à sombra da proteção política, não é menos certo também que o espírito de partido é quem ordinariamente acorda o zelo adormecido da justiça presidencial
ou policial, quando ele efetivamente acorda do seu habitual

258

PARTIDOS E ELEIÇÕES NO MARANHÃO

letargo. Fecham-se os olhos a um roubo e a um assassinato; mas se o malfeitor, longe de servir a facção dominante, a empece e hostiliza — que bela ocasião para arredar e perseguir um adversário temível, e vozear ao mesmo tempo, justiça, repressão e punição! Este procedimento fornece temas admiráveis à defesa do crime, e daí vem não haver miserável farto de sangue e rapina a quem não lembre logo a alegação de que é uma vítima de partidos, e é força confessar que até certo ponto não lhes falta razão.

———

A indiferença em matéria de opiniões e princípios, ou antes o cinismo com que cada um manifesta e até alardeia a ausência absoluta de convicções, tem chegado a um termo verdadeiramente incrível. Nada há aí tão comum como ouvir dizer: — Se me não compram tal casa, se não fazem comigo tal contrato, se me não dão tal emprego ou patente, passo-me para o lado contrário. — De um coronel de legião sei eu que nas proximidades da eleição arrancava entranháveis suspiros, e, entregue a todos os horrores de uma profunda angústia, exclamava dolorosamente: — Se eu pudesse adivinhar de que lado estava a maioria para decidir-me! — E um velho que pedia esmolas, e era não obstante, nesta boa terra, avaliador do conselho, que tanto monta como

259

dizer juiz, perguntou-me um dia, depois de receber a costumada espórtula: — Em que partido estamos nós agora? — porquanto este pobre-diabo, em sua consciência de juiz-mendigo, tinha por uma coisa natural, e talvez como uma fatalidade indeclinável, o pertencer de necessidade a algum partido, pouco importando porém qual ele fosse.

Nos primitivos tempos sabia cada chefe ou cada partido com quem podia ou devia contar; uma apostasia e uma deserção eram verdadeiros acontecimentos, que causavam grande rumor e escândalo. Nos tempos de agora, porém, as deserções e transformações, quer dos partidos, quer dos indivíduos, são já sucessos ordinários que podem dar ocasião a tudo, menos à estranheza e admiração. Ninguém conta com um só voto seguro até o momento de ser ele lançado na urna virginal, e ainda assim não são raros os que, depois de haverem votado, ministram declarações contrárias ao voto que deram. O entrar qualquer indivíduo de um credo em casa de outro de credo oposto, uma simples conversa no meio da rua, um rápido aperto de mãos, desafia para logo em quem os observa suspeitas aliás justificadas por exemplos tão numerosos como ilustres.

————

Já Timon referiu os diversos meios e modos por que se arrecadam e despendem quantias às vezes fabulosas no tráfego[106] eleitoral. Quando a penúria dos particulares é grande, ou quando eles exercem um predomínio tão absoluto que ninguém lhes pode opor resistência, é com o tesouro, ou à custa da fazenda provincial que o comércio e as transações se efetuam; compras de casebres para cadeias, arrematações de estradas, pontes e limpezas de rios, empreitadas de matrizes, pagamentos de dívidas questionáveis, tudo serve, mas nada basta, para satisfazer a fome devoradora dos partidistas. O finado Rafael de Carvalho, que em sua qualidade de chefe do tesouro via com desgosto e cólera disporem outros por este teor dos fundos que ele e os mais empregados fiscais arrecadavam tão laboriosamente, não se pôde ter que um dia não exclamasse em plena assembléia provincial: "Senhores, estas eleições custaram ao tesouro para mais de quarenta contos!".

———

Do sistema combinado da trapaça, falsidade, traição, imoralidade, corrupção e violência resulta muitas vezes que quando os eleitos do partido vencedor se apresentam nas câmaras para tomar assento, apresentam-se igualmente com eles os eleitos do partido vencido, acompanhados e instruí-

———

| 106 *Tráfego*: tráfico.

JORNAL DE TIMON

dos uns e outros com centenas de representações, justifica-
ções e atestações que provam o pró e o contra, o preto e o
branco, que tal eleição é válida e nula ao mesmo tempo, não
menos que o povo se reuniu e não se reuniu, em tal dia, em
tal determinado lugar. Como as provas evidentemente se
equilibram, os augustos e digníssimos que têm de julgar o
pleito decidem-se quase sempre pelos eleitos do seu partido,
dispensado todo e qualquer exame da matéria, fatigante e
inútil, se não impossível. Impressionado por um procedimento igual, e por ocasião de umas eleições da pequena
província do Piauí, enredadas em mais de seiscentos documentos, o deputado Carvalho Moreira, em um movimento
de indignação e eloqüência, exclamou que era melhor tirar
os candidatos à sorte. E, com efeito, não se pode negar que
as eleições entre nós estão em parte reduzidas a uma espécie
de jogo de azar.

———

Affonso Karr escreveu algures o seguinte: — "Há gente
que em política não tem senão uma opinião, um partido,
uma convicção; esta gente é numerosa, e morre de boamen-
te pela causa que abraçou. Esta opinião, este partido, esta
causa, esta convicção é a algazarra; não há alguma outra fé
que possa contar tantos mártires". — E Timon acrescenta
que em nenhuma outra parte do mundo este partido é tão

262

numeroso como entre nós. Os fiéis sectários, que salvam todos os dias a pátria, à maneira dos gansos do capitólio — grasnando —, podem muito bem ser mártires da sua religião, mas não se pode negar que são também algozes crudelíssimos dos que lhes caem nas mãos. Desgraçado do que deixa invadir a sua casa pela turba dos políticos ociosos e faladores! Não lhe deixarão mais um só momento de repouso ou ocupação séria, pois lhe há de ser forçoso ouvir, de sol a sol, e pela noite adiante, a exposição das calorosas disputas que tiveram, dos grandes serviços que prestaram, e dos soberbos planos que engenharam; nos quais a imprudência, a exageração, a fatuidade, a sandice e a loucura se disputam a primazia. Ai dele se ousa manifestar impaciência, e não imita a impassibilidade do mancebo espartano que se deixava rasgar o seio, primeiro que desse a conhecer o furto legal! Para logo o qualificam e acusam de falto de tino e maneiras, de incapaz para chefe, desamparam-no de todo em todo, e vão buscar outros da sua estofa, sob cuja condescendente direção possam render um culto incessante à deusa.

Só estes sim lhes podem agradar, e parecem de feito nascidos e predestinados para sofrer a algazarra, e tirar dela todo o partido que é possível na nossa organização política. Timon admira tanto mais estes homens, quanto menos pode imitá-los, pois nem sequer compreende como um indivíduo qualquer, que teve boa educação, e é dotado de tal qual merecimento, ame dissipar a melhor parte da sua vida no meio das cruéis obsessões da patuléia de alta e baixa condição, quero dizer, de pé descalço, ou gravata lavada, só nisto distinta, mas igualmente esfaimada por dinheiro, comezainas, empregos, posições, condecorações.

Ouso agora perguntar aqui — o que fazem os nossos eleitores, ou pretendidos tais, desde muitos anos a esta parte? Abrem mãos dos grandes, únicos e decorosos meios de influência política, e começando por desavir-se, eles que unidos e compactos assim mesmo pouco ou nada valeriam, se empecem e estorvam maravilhosamente uns aos outros. Não pelo talento e eloqüência, ou pelo caráter ao menos, mas brilham com glória imortal nos pequenos manejos, e como Napoleão dizia dos soldados que os melhores eram os que mais batalhas ganhavam, dizem eles que os melhores representantes são os que mais serviços fazem à sua província, isto é, os que obtêm mais licenças, nomeações, demissões, remoções, a troco de concessões, transações, humilhações, sendo contudo, e no fim de tudo, logrados e burlados no mais essencial. Estes tais presumem que uma missão política consiste na recíproca troca de votos e favores entre os eleitores e eleitos, e envelhecem e morrem rodando de contínuo neste círculo vicioso, sem que os seus louros perturbem neste mundo o sono de pessoa alguma, nem mesmo o de Timon, o misantropo e o mais invejoso dos mortais.

————

Que direi do nosso glorioso sistema provincial de transações, câmbios e cunhas? Já se viu que o candidato eleito a troco de promessas feitas aos eleitores vegeta obscuramente a cumpri-las, e sentir-se-á enleado e preso por elas, a cada nobre movimento que pretenda fazer. Os câmbios dos diversos colégios entre si, ou antes dos burgraves[107] que os dominam, as denominadas *cunhas*, e as exclusões e depurações sucessivas de todos os homens de mais independência e ilustração, decotados como as papoulas de Tarquínio, para que não haja ninguém capaz de pensar e obrar por sua própria inspiração, dão em derradeira análise as escolhas mais estupendas e inauditas. Hoje em dia não há homem medíocre, incapaz, estúpido mesmo, que se não abaste das mais largas tenções, e não se julgue predestinado a ocupar os primeiros cargos do estado. Com uma franqueza digna dos aplausos desta época sem igual, dizem eles voz em grita que não estão mais para servir de escada, que também são cidadãos brasileiros, tão bons como outros quaisquer, e todos iguais

....

[107] *Burgraves*: chefes, "coronéis".

265

perante a lei. E ninguém imagina até onde têm chegado as esperanças e ousadia desta gente, em face de certos caprichos da fortuna e de certos abortos da cabala!

De depurações em depurações, de exclusões em exclusões, estreita-se o círculo às vezes por maneira tal que o denominado partido se cifra e concentra todo em meia dúzia de nomes ou cabeças, em que os cargos se acumulam por um modo escandaloso. De um indivíduo do interior que era ao mesmo tempo coletor, eleitor, vereador, juiz de paz, oficial da guarda nacional, e subdelegado, conta-se que, interrogado sobre a causa de tamanhas e tão destemperadas acumulações, respondera com ingenuidade que o partido não tinha mais gente no distrito!

A par da estupidez, marcha feliz, descarada e ovante a corrupção, e a imoralidade; e pode-se sem exageração dizer que não há imundície e podridão que os nossos enxurros eleitorais não tenham trazido à superfície da sociedade. O Alceste de Molière, apesar do seu ódio sombrio e cego ao gênero humano, ficou ainda muito aquém da tremenda realidade, quando disse:

> Da máscara através em toda a parte
> O traidor se descobre, e denuncia;

Por mais que os olhos torça, a voz ameigue,
É sempre o mesmo réptil peçonhento,
De todos evitado e conhecido;
Por sórdido mister alçado às honras
Cujo brilho mareia, indigna o mérito,
Faz corar a virtude; e injuriado,
Coberto de baldões por todo o mundo,
Não acha quem por ele a voz levante:
Chamai-lhe vil, infame, celerado,
Todos sem discrepar convêm que é justo.
Com sorriso acolhido apesar disso,
Em toda parte o máscara se insinua;
E se cargos pleiteia, dignidades,
Cede-lhe sempre o passo o homem probo,
A poder de cabala suplantado.*

Se a mediocridade, a nulidade, a estupidez e a corrupção triunfam, o mérito modesto e comedido deve sucumbir, não só diante da liga daquelas formidáveis potências, senão ante o bem combinado sistema de enganos, falsidades e traições que há tantos anos voga entre nós. Houve tempo em

---

* Devemos ao obséquio do senhor Francisco Sotero dos Reis a tradução desta passagem que quadra tão perfeitamente à época. (N. A.)

que certos pretendidos políticos de têmpera forte e grandes desígnios sacrificavam todas as afeições do coração, porque, diziam eles, devemos seguir princípios, e não pessoas ou nomes próprios. Havia nisso talvez mais aridez de coração que elevação de espírito, mas ao menos a linguagem era mais decente, e os pretextos mais especiosos. Hoje em dia calcamse todas as considerações, rompem-se todos os laços, deslembram-se todos os benefícios, quebranta-se a fé jurada enfim, quando se trata de uma candidatura ou coisa semelhante; e é com o mais asqueroso cinismo que se ouve dizer por toda parte — *Cada um por si* — sem que a opinião pública, cúmplice ou indiferente, dê o mais leve sinal de comoção ou reprovação.

_____

Para que perde Timon o seu tempo a falar no mérito? Quem viu já entre nós homens dignos e capazes eleitos espontaneamente, por províncias outras que não a sua própria? Qual tem sido o grande nome designado a um tempo pela urna das diversas províncias? Como há de isso acontecer, se as mediocridades pejam todos os lugares, e ainda os julgam insuficientes? Vede-me esse Souza Franco que um ano inteiro lutou arca por arca, único e solitário, contra um tropel imenso de adversários que a cada momento recresciam sobre ele: de que lhe há de servir todo o lustre adquirido em tantos e tão renhidos combates, empenhados em nome e defesa de um partido forte e numeroso, ou pretendido tal, que atroa o Brasil de uma extremidade a outra com seus inúmeros jornais, e incessantes clamores? Se ele não conseguir suplantar as invejosas mediocridades que na sua própria província lhe disputarão o terreno palmo a palmo, a tribuna, certo, ficará viúva desta grande voz. Em outro país, onde o sistema representativo fosse mais bem compreendido, o governo respeitaria uma candidatura desta ordem; entre nós, é de presumir que a hostilize aberta ou rebuçadamente, e em desconto faça impor pelos meios costumados os nomes mais obscuros e mais dignos de o serem.

————

Considerando na nossa degradação eleitoral, atribuindo-a a todas, ou a parte das diversas causas enumeradas, pensam alguns que o mal desapareceria, se conseguíssemos tornar as eleições verdadeiramente livres. Mas por que meios se alcançaria a suspirada liberdade do voto? Em que ponto sólido e estranho a este globo de lama se firmaria o novo Arquimedes para mover a alavanca regeneradora? Entretanto, não é esta a maior dificuldade, porque, vencida ela, o que sucederia? A Timon arrepiam-se-lhe as carnes e os cabelos só de o pensar e dizer. Se fosse lícito admitir a possibilidade de umas eleições perfeitamente livres e pacíficas, em que os

JORNAL DE TIMON

votantes, descativados de quaisquer influências e sugestões estranhas, procedessem isoladamente, sem concerto, e em toda a liberdade e pureza de consciência, o resultado provável seria que apenas uma meia dúzia dos menos remissos iria à urna lançar votos verdadeiramente abomináveis. O grande número se deixaria ficar em suas casas, porque aos atuais estímulos para o mal sucederão o cansaço, o desânimo e a indiferença, primeiro que possam ter força e vigor os incentivos para o bem.

————

A imprensa é outro grande instrumento que os nossos partidos manejam de contínuo. Timon esforçou-se por dar uma idéia dela, imitando-a, extratando-a, copiando-a; mas além de se haver então referido à imprensa política tão-somente, nem desta mesma disse tudo.

Nunca o Maranhão teve mais jornais do que hoje em dia, mas também podemos afoitamente dizer que nunca o jornalismo esteve mais decadente e desanimado. Publicam-se atualmente não menos de seis jornais ditos de grande formato, em três ou quatro colunas de frente, e afora estes temos quase sempre os pequenos jornais, em folha ou meia folha, que constituem as tropas ligeiras dos partidos, e em tempos de eleição, ou quaisquer outros em que as paixões se escandeçam, pululam, como os insetos malfazejos, de um

270

modo prodigioso, e são, como eles, de uma vida mais que efêmera. Pouco mais douradouros e vivazes que estes mostram-se também os jornais puramente literários ou pretendidos tais, revistas, almanaques, arquivos, ou coisa semelhante; mas estes são um acidente tão raro, que não há gastar tempo em apreciá-los.

Por via de regra cada grande jornal tem a sua tipografia própria, o que quer dizer que quem se lembra de estabelecer uma tipografia vê-se na necessidade de publicar também um jornal para dar-lhe que fazer. Mas a livre concorrência os prejudica reciprocamente; os jornais são em número e formato superiores às forças e gosto da província; a mercadoria excede evidentemente às necessidades e procura do consumidor.

Daí resulta que temos tipografias muito mal montadas, ruins operários, e piores jornais, mal impressos, e escritos com pouca atenção e esmero. O minguado número de leitores que tem a província, ou antes de subscritores que se repartem por tantos jornais, mal fornece aos respectivos editores os recursos indispensáveis para poderem dar uma retribuição côngrua e honesta a escritores de mérito e talento que exclusivamente dedicassem o seu tempo e trabalho a fazê-los florescer.

Daqui resulta mais que ainda nenhum empresário deste gênero de indústria fez fortuna, senão é que alguns se hão

JORNAL DE TIMON

pelo contrário arruinado, conseguindo quando muito, eles e os seus jornais, arrastar uma existência lânguida e descorada, ao som dos queixumes que fazem contra a míngua e pouca pontualidade dos assinantes, que por seu turno recriminam contra o mau papel, o mau tipo, a irregularidade da entrega, a demora da remessa, o desalinho, negligência, monotonia e pouco interesse dos artigos.

O segredo destes recíprocos agravos existe todo na pobreza e falta de meios e gosto de uns e outros, sendo sobretudo inegável que para se manter uma boa imprensa, como um bom teatro, ou outra qualquer coisa boa, há-se mister de muito dinheiro.

———

Os jornais propriamente políticos ou de partido têm uma circulação ainda mais restrita que os outros, e nem porque são algumas vezes distribuídos gratuitamente avulta em demasia o número dos seus leitores. Os redatores destes são retribuídos indiretamente com a satisfação de suas pretensões, e as despesas de imprensa pagas do produto das assinaturas dos partidistas em geral, se não à custa de dois ou três dos mais exaltados e empenhados na publicação, não sendo de todo sem exemplo que as tipografias lhe percam o feitio, quando a decadência do partido, ou a falta de brio dos chefes, passa além de toda medida.

272

Já demos a ver a nossos leitores a imprensa política em ação e nas fases mais importantes da sua existência, à chegada de um novo presidente, por exemplo, ou durante o curso de uma campanha eleitoral. Não ousa Timon asseverar que ela sempre conserve essa miserável fisionomia; ao contrário, folga de reconhecer que tem às vezes atingido a uma elevação e nobreza de linguagem que nada teria a invejar aos estranhos, se pudesse sustentar-se por mais tempo nesse tom; mas o fugaz lampejo para logo se esvai, e tudo recai bem depressa nos costumados vezos.

Da nossa imprensa política é que se pode principalmente dizer que é um respiradouro por onde os partidos exalam e vertem os seus maus humores, porque, mesmo quando não invectiva, insulta ou calunia na rigorosa acepção dos termos, alimenta-se todavia de incessantes personalidades, despendendo exclusivamente no louvor e vitupério de certas e determinadas individualidades toda a seiva e vigor de que é dotada, e que melhor aproveitaria na discussão larga e nobre dos princípios e dos grandes interesses da sociedade.

Das invectivas ardentes e cruéis vê-la-eis passar às trivialidades mais ridículas, e aos mais incompreensíveis e inauditos disparates; da mais intemperante garrulice a um silêncio mais que sóbrio, da jactância e audácia enfim até o desalento e a covardia. É assim que vemos às vezes os nos-

JORNAL DE TIMON

sos grandes políticos recatarem cuidadosamente do conhecimento e circulação pública alguns artigos escritos e impressos de muitos dias, e que remetem quase secretamente para a corte, persuadidos do alto merecimento das suas produções, não menos que do prodigioso efeito que elas devem operar, estalando inesperadamente no meio das câmaras e dos ministros estupefatos.

A esta manobra admirável e triunfante, seguem-se a cólera, os convícios, e o pesar dos partidistas contrários, que, surpreendidos com tanta perfídia, não puderam mandar pelo mesmo vapor as refutações eloqüentes que por seu turno deviam operar efeitos não menos prodigiosos.

Doutras vezes porém perdem toda a confiança nas próprias forças, e por mais que as circunstâncias solicitem públicas e francas manifestações da parte dos chefes, por mais que os soldados clamem contra a falta de direção, nem um só artigo se publica, suspendem-se todas as hostilidades, e pode-se dizer que a própria respiração, até que chegue da corte, neste ou naquele vapor, ou o presidente com a sua chapa já pronta e com todos os sacramentos, dispensada apenas a audiência dos votantes, ou certa e determinada notícia ou decisão, sem a qual os nossos gloriosos partidos provinciais não podem dar um passo mais para adiante.

PARTIDOS E ELEIÇÕES NO MARANHÃO

A raiva hidrofóbica dos insultos e das injúrias, que, por ser a enfermidade ordinária do nosso jornalismo, já não produz demasiada impressão, é todavia sujeita a umas certas exacerbações periódicas, que excedem toda medida, e tomam proporções verdadeiramente assustadoras. Falo dos ultrajes aos bons costumes, ao pudor, e à honra das famílias, na pessoa das mulheres ligadas pelos laços do sangue ou do himeneu aos campeões que andam travados na peleja, e que, reconhecendo reciprocamente embotada toda a sensibilidade própria e pessoal, buscam ferir-se nesses entes delicados, expondo à irrisão pública os escândalos verdadeiros ou supostos da sua vida privada, e as fragilidades que são o condão inevitável, como o orgulho, o poder, a confusão e a vergonha dessa encantadora metade do gênero humano.

Este opróbrio, já quase infelizmente encarnado nos nossos costumes políticos, vertido por alguns a mãos plenas, e olhado com indiferença por muitos, tem não obstante encontrado às vezes algumas vozes eloqüentes e generosas que o estigmatizem severamente. "A mulher, ente delicado e fraco (escrevia a *Revista* * de 4 de julho de 1846) que está como fora da proteção da lei, por isso que a sociedade a pôs

----

🐍 | * Jornal redigido pelo senhor Francisco Sotero dos Reis. (N. A.)

JORNAL DE TIMON

debaixo da proteção imediata do homem, que deve responder por ela, não tem outro poder para domar-nos senão as
suas graças, nem outras armas para resistir-nos senão a sua
mesma fraqueza. Negar-lhe a proteção devida já é, sobre injustiça, grande falta de generosidade. Mas atacá-la sem respeito ao sexo, e isto para vingar-nos do homem com quem
se acha ligada pelos laços do parentesco, não sabemos que
nome tenha, porque é, além de covardia, cega brutalidade.
Nisto não há partidos nem política, senão frenesi e demên-
cia... Ter-se-á acaso calculado bem o alcance desses fatais escritos? Quantas lágrimas terão eles feito derramar e em
quanto sangue se podem converter essas lágrimas? Se não
pretendeis barbarizar-nos, se tendes algum fim político em
vossas dissensões, limitai aos homens a guerra sem generosidade nem quartel que vós estais fazendo. Mas poupem-se
os inocentes, e sejam respeitadas, como cumpre, as nossas
mães, as nossas esposas, as nossas filhas, as nossas irmãs."

Dissemos ainda há pouco que a nossa imprensa atinge
às vezes a uma elevação e nobreza de sentimentos e linguagem que nada deixa a desejar; folgamos de transcrever aqui
este exemplo tão honroso como inútil, porque se o mal re-
mite um pouco do seu furor, não creiais que o faça pungido pela veemência destas e de outras iguais exprobrações,
ou vencido pela força da razão, senão pelo cansaço e tédio

276

dos combatentes, e para aparecer de novo e dentro em pouco, tão hediondo e asqueroso como dantes.

————

Tal tem sido a vida do nosso jornalismo desde que com as revoluções e o novo regime nos veio a liberdade da imprensa e da palavra. Celebram-se e preconizam-se até a exageração os nossos progressos em todo o gênero, e com especialidade os puramente literários e intelectuais, a profusão das escolas, liceus e academias, e essa multiplicidade de jornais que vertem quotidianamente torrentes de luz; mas lançai uma vista retrospectiva sobre a nossa imprensa nestes últimos trinta anos, e a vossa alma contristada recuará diante desse espetáculo horrível e ignóbil ao mesmo tempo. Em verdade, já não quero negar que a imprensa tenha vertido uma luz imensa; mas, semelhante à flama lôbrega e baça do inferno de Milton que só servia para tornar visível e palpável o horror circunstante e sempiterno das trevas, o nosso jornalismo, estéril, impotente, maldizente e malfazejo, só tem servido para expor à grande luz meridiana todos os vícios e misérias da sociedade.

————

Invoco agora o testemunho, e dirijo-me à própria consciência de todos os que se dão a este triste mister de escritor de jornais, como a emprego e modo de vida estável e per-

JORNAL DE TIMON

manente. Que fizeram e conseguiram eles em todo o curso
da sua vida? Que ilustração, que outro proveito sólido al-
cançaram dissipando-a nessa multidão de artigos irritantes,
de mesquinhas intrigas, de pungentes personalidades, de
ataques e defesas, de afirmações e retratações? Porventura
um tardio arrependimento, e uma profunda desconsolação.

———

Mas se a imprensa é tal como a descrevo, por outra parte também não pode ser maior o descrédito e desprezo em
que ela tem caído, e de que é digna. Quem se não recorda
ainda da prodigiosa influência que exerceram a *Aurora*, na
corte, o *Astro*, em Minas, e o *Farol*, no Maranhão? Bem ou
mal inspirados, dirigidos e escritos, esses periódicos eram os
órgãos verdadeiros e fiéis das idéias e sentimentos de uma
grande parte da população, cuja fé e entusiasmo ardente es-
clareciam e dirigiam por seu turno, com uma autoridade
quase absoluta. É que então ainda se não tinha abusado deste maravilhoso instrumento. Mas hoje — qual é o jornal
que seja e possa chamar-se a sombra ao menos daqueles intérpretes possantes da opinião?

———

Finalmente e para dizer tudo em poucas palavras, quereis
saber o que vale hoje a nossa imprensa propriamente política,
nesta província ao menos? Suprimi-a, e vereis que a sua falta

278

PARTIDOS E ELEIÇÕES NO MARANHÃO

passará completamente despercebida, sem que uma só pessoa desinteressada dê fé do acontecimento, ou proteste contra ele.

———

Os presidentes são outro grande, e porventura o maior e mais robusto instrumento que manejam os partidos. Timon prostrado e reverente lhes pede mil perdões de começar esta parte do seu opúsculo com uma frase em aparência tão pouco respeitosa, mas a inexorável verdade não exige menos.

Salta um presidente nesta incomparável província, e para logo se torna fautor, protetor, chefe, adepto, sectário, servo, e escravo de algum dos partidos que encontra, se não é que ele próprio o manipula e organiza, reunindo, aglomerando e disciplinando os ingredientes e facções que encontra dispersos. Digo — *para logo* — porque essas mostras de neutralidade de que temos tido alguns exemplos não passam ordinariamente de um manejo fraudulento dos que, querendo desfrutar a terra por todos os meios, evitam um incômodo inútil por prematuro, e preferem apalpar primeiro o terreno, para depois manobrarem com mais perfeito conhecimento de causa.

Muitas vezes chega o presidente da corte ainda irresoluto sobre a qual dos partidos dará o seu apoio, e venderá a sua independência e liberdade, e aqui mesmo hesita por muito tempo na escolha, até que esporeado por qualquer

279

JORNAL DE TIMON

urgente necessidade manifesta enfim a sua preferência; a este tempo de dúvidas e hesitações, que quase sempre prendem em motivos menos decorosos, é que se chama época de imparcialidade.

O novo presidente ou segue em tudo e por tudo as pisadas do seu antecessor, ou pelo contrário, posto que mandado sob a influência da mesma política, e às vezes pelo mesmo gabinete e pelo mesmo ministro, revolve tudo de alto a baixo, nomeia, demite, prende, solta, processa, absolve, recruta, administra, clama, e vocifera, tudo ao revés e de encontro ao que até então se fizera. *Faciamus experimentum in anima vili*,[108] parece ser o seu único pensamento; e daí esses repetidos ensaios de nova política, que trazem tudo flutuante, instável, revolto e perturbado. Conta-se de um homem de meia-idade que casando com duas mulheres, uma moça e outra velha, dentro em pouco se viu calvo e despojado dos cabelos, arrancando-lhe alternadamente, a moça os brancos, e a velha os pretos, querendo cada uma pô-lo à sua imagem e semelhança. Tal tem acontecido à nossa província nos seus periódicos desposórios com estes doges[109] de nova espécie, e

---

[108] *Faciamus experimentum in anima vili*: façamos um experimento num ser inferior.

[109] *Doges*: chefes da República de Veneza, que tinham grande poder.

280

na aplicação dos sistemas opostos que cada um deles tem a veleidade ou o capricho de ensaiar.

Seja que o presidente pleiteie de conta própria a sua candidatura pessoal, seja que tenha ajustado na corte desempenhar uma empreitada eleitoral completa, na convenção que lhe é mister fazer com os partidos vai expressa ou implicitamente sacrificada a um tempo a liberdade do povo e a do poder.

A do povo, ou pelo menos a do partido que toma o nome de povo, na preterição dos homens de algum mérito ou serviços que possa ter a província, para se abrir espaço ao nome do presidente e de outros, que patrocina, tão obscuros e nulos como o seu.

A do presidente, porque ele se identifica com o partido que adota, esposa todos os seus ódios e afeições, não vê senão pelos seus olhos, previne todos os seus desejos, e dobra-se aos seus menores caprichos. O único pensamento que o domina é o da sua eleição; absorvido por este grande cuidado, todos os seus outros deveres são transcurados, ou pelo menos subordinados a este fim principal; as forças que a sociedade lhe confiou para o bem comum de todos, ele as converte em seu particular benefício, ou no da parcialidade que o sustenta. Os cargos e dinheiros públicos são a recompensa e o salário, não dos serviços feitos à província, mas às facções ou à sua pessoa; pois, para ele, todas as leis, todas as regras do dever, da justiça e do decoro se transformam pura e simplesmente em meras combinações eleitorais.

Por elevada que seja a posição do presidente na sociedade antes da sua chegada à província, por mais que ele tenha brilhado no exército, na magistratura, no parlamento, ou na alta administração do estado, e lhe reluzam nas fardas o ouro e o diamante dos galões e condecorações; por mais que a província se veja abatida, humilhada, prostrada e exausta pelas dissensões dos seus partidos ou mesmo pelos furores da guerra civil, esse grande miserável que vem a título de governá-la ou pacificá-la, sem dó nem piedade, dos males sem conto que já a vexam, há de por força infligir-lhe o mal da sua candidatura; e na luta já travada entre as ambições intestinas, pesa com todo o seu peso, a sua ambição cruel e incontrastável de homem do poder. Estes tais sobre a província moribunda se me afiguram como abutres que se arrojam aos cadáveres em podridão, e não poucas vezes vão daqui alardear depois enfaticamente, em pleno parlamento, por todo e único serviço, que deixaram organizado um possante e fidelíssimo partido com que o governo pode contar para a vida e para a morte, bem entendido, enquanto outro agente do mesmo governo não vem abatê-lo e derrocá-lo.

Nesta luta a autoridade perde todo o prestígio e consideração, e, vendo-se exposta a ultrajes sem conto, vinga-se da sua decadência e degradação, demasiando-se em toda a casta de prepotências e malfeitorias.

Os agentes subalternos, para atingirem a mil fins particulares, entregam-se sob sua tolerância a outros tais excessos, que geram por seu turno novos excessos, embaraços, ódios e perturbações, ficando por fim a província inteira como enleada numa vasta rede de intrigas.

Então é já de uso alçar um presidente a voz contra os desregramentos da oposição, e contra os embaraços acintosos que ela a cada passo suscita à marcha da sua administração. Mas se eles seguissem os caminhos retos, sem se arrojarem na arena de caso pensado, e por motivos de ordinário tão fúteis como pouco decorosos, arcando braço a braço com os mais vis e obscuros gladiadores, nem as oposições lhe sairiam por diante, nem que saíssem teria ele que recear delas coisa alguma, podendo fazer o bem só por só, sem elas, e apesar delas.

JORNAL DE TIMON

Bem entendido, não me refiro aqui àquela espécie de imparcialidade que, sem excluir de todo o interesse pessoal ou de bando, se manifesta por um perpétuo sorriso, e por uma inesgotável condescendência, no meio de perenes divertimentos. Se fosse possível salvar e regenerar o país entre dois jantares e três bailes, podia-se afoitamente dizer que a política havia roubado à homeopatia a sua gloriosa e agradável divisa — *cito tuto et laete*;[110] mas de mim confesso que não creio em tais milagres, antes estou firmemente convencido que alguém há de pagar o preço de todas essas cortesias, a justiça, o tesouro, os interesses públicos.

É força todavia confessar que as presidências folgazãs e brincalhonas são em tudo e por tudo preferíveis às presidências de partido, rancorosas e sombrias que, semelhantes a um céu sempre toldado e tempestuoso, nunca entreabrem um sorriso, nem desfranzem a torva catadura. Já César dizia que Bruto e Cássio, preocupados, pálidos e extenuados pelas vigílias, lhe inspiravam mais receios que Antônio e Dolabela, sempre garridos e recendendo a cheirosos ungüentos. Dos dois males, o menor. Além de que,

---

[110] *Cito tuto et laete* (*sanare*): (curar) rapidamente, com segurança e com alegria.

284

as presidências alegres e recreativas são como um calmante aplicado à irritação dos partidos, e, se não curam radicalmente o enfermo, fazem pelo menos uma diversão às suas dores, e dão-lhe tempo de respirar na luta incessante em que vive.

8

Os partidos considerados em si mesmos — Sua fraqueza, instabilidade e efêmera duração — Cartas de Americus — Ilusões da infância — Aplicação exclusiva à política — Algaravia e fantasmagoria dos partidos — A carreira dos empregos — Presunção e desvanecimento da mocidade — Conselhos de Droz — A moralidade da fábula — O mal passando da vida política para a civil — Sua generalidade, publicidade e impunidade — Tranqüilidade, boa-fé e cinismo do crime — Juízo unânime dos partidos sobre a sua própria corrupção.

Temos até este ponto considerado os diversos instrumentos dos partidos, consideremo-los agora a eles mesmos.

Os nossos partidos provinciais quase não são dignos deste nome, na larga e verdadeira acepção política do termo; porque quais são os princípios, as idéias, e os interesses gerais que os distingam e dividam seriamente uns dos ou-

PARTIDOS E ELEIÇÕES NO MARANHÃO

tros? Não quer isto dizer que eles não tomam as denominações, e não arvoram as bandeiras dos partidos que militam na corte, e em outros grandes centros da população brasileira; mas além de que a estes mesmos é em grande parte aplicável o que dizemos dos nossos, torna-se manifesto que essa cópia servil de denominações e evoluções não prende em conformidade alguma de princípios, nem na generalidade e comunidade de interesses legítimos. É pelo contrário um simples e cediço manejo com que procuram assegurar no presente, ou captar para o futuro a proteção do mais forte. Baldos de fé política, como de motivos importantes de luta que os possam elevar e enobrecer, todos os seus atos trazem o cunho do egoísmo e do personalismo; os meios que empregam são mesquinhos e nulos como o fim a que atiram, e se bem que por via de regra ostentem uma linguagem violenta, e pratiquem ações que quadrem perfeitamente com as palavras, toda essa cólera factícia é impotente para encobrir a incerteza e flutuação da sua marcha, e para tirar à sua existência quanto ela tem de efêmero e precário.

A tal respeito nem nos deve iludir a diuturnidade de certas denominações, adotadas como pretendidos talismãs, pois enquanto o nome perdura, o pessoal, a linguagem, os atos experimentam horríveis metamorfoses; nem o manejo oposto de batizar a cada passo os partidos, sem regenerá-los

JORNAL DE TIMON

quanto ao fundo das coisas, porque os vícios permanecem
sempre os mesmos.

Eis por que os nossos partidos, renovando a trama de
Penélope com o fim moral de menos, fazendo e desfazendo,
andando e desandando, num contínuo e monótono vai-
vém, se transformam, corrompem, gastam e dissipam inutilmente, nos esforços incessantes e estéreis da ação e reação,
ou do fluxo e refluxo que os leva, traz, arrasta, confunde,
baralha e submerge.

———

Sempre inúteis, estéreis e impotentes, quando não são
positivamente nocivos ou perigosos, todos igualmente deson-
rados e aviltados por faltas comuns, e excessos imitados uns
dos outros, os nossos partidos se tornam incapazes do menor bem, e perdem toda a autoridade e força moral. Mal ergue um deles a voz para exprobrar ao outro tal erro, tal falta e tal crime, para logo a exprobração contrária quase idêntica
vem feri-lo no coração, e fá-lo-ia emudecer completamente
e por uma vez, se a falta de pudor não fosse uma qualidade
dominante de todos eles. Que lhes importa com efeito o pudor, a moral, o respeito e decoro próprio, contanto que triunfem, e levem ao cabo os seus mesquinhos desígnios?

———

288

PARTIDOS E ELEIÇÕES NO MARANHÃO

Quando alguma dessas efêmeras combinações a que entre nós se dá o nome de partido interessa por qualquer motivo na destruição ou modificação das combinações anteriores, e entra a vozear as palavras sonoras de união, fusão, conciliação e extinção de ódios, as combinações ameaçadas clamam logo, e sem falência, que os partidos são úteis, necessários, indispensáveis, essenciais a nossa forma de governo para que se esclareçam, dirijam e contenham uns aos outros.

Timon, sem estar pelas generosas intenções de uns, ousa duvidar da infalibilidade das asserções de outros. Os partidos serão fatais e inevitáveis, atenta a variedade e discrepância das opiniões, e os impulsos encontrados dos interesses e paixões; úteis e necessários, não. Os mais dos publicistas os consideram um mal; ora, o mal pode ser irremediável, útil e proveitoso, nunca. E semelhante absurdo é impossível, se o mal proveitoso existe em alguma parte, certamente que não é aqui.

_____

Os nossos partidos são intolerantes e insaciáveis; qualquer vitória lhes não basta, e ainda a completa aniquilação dos partidos contrários os deixaria talvez pouco satisfeitos e mal seguros de si. Daí vêm essas intermináveis precauções que estão sempre a tomar, essas três e quatro camadas de suplentes, essas leis pessoais, essas infindas opressões e injusti-

289

JORNAL DE TIMON

ças, a administração pública enfim desviada dos seus fins naturais e legítimos, e convertida em máquina de guerra com que uma parte da sociedade combate incessantemente a outra. Mas tudo isso o que denota, senão a extrema fraqueza, e o extremo terror? Se os nossos partidos fossem mais fortes, mais cheios de fé, menos divididos e multiplicados, não teriam tamanho medo uns aos outros, poderiam andar de ombro a ombro, e em muito amigável companhia, procurando cada um alargar a sua influência, melhorar a sua posição, e fazer valer os seus direitos, sem negar os alheios. Nisto é que consiste a vida política; tudo o mais é antes a ausência dela, ou para melhor dizer, a morte. E se não, vede como esses partidos, por mais que multipliquem as precauções e as injustiças, por mais que triunfem e dominem absolutamente, se acham exaustos e moribundos ao cabo de três ou quatro vitórias sucessivas, e se esvaem ao menor sopro, como essas múmias do Egito, que numa aparente integridade têm triunfado dos séculos, e se desfazem em vil poeira ao simples toque do viajante curioso que ousa devassar a solidão das pirâmides.

A fraqueza é o seu grande mal, e nesta parte as presentes considerações alcançam porventura além dos limites da província. Nenhum deles tem sólido apoio na opinião pú-

290

blica, nem prende as suas raízes nas grandes massas da população. E como poderia isso ser, se a população já de fatigada e desenganada se tornou indiferente; e nem sequer existe isso a que se chama *opinião pública*? Daí vem que quando à sabedoria imperial praz mudar de política, e a sabedoria ministerial busca operar a mudança, ao seu aceno, e no meio de vãs e impotentes algazarras, se esvai o fantasma de partido anteriormente dominante; procurando, conforme as suas tendências, confuso e envergonhado, rebuçar sua extrema fraqueza, ou nos mentidos protestos de uma resignação e amor à ordem que não é senão a impotência, ou nas convulsões ainda mais impotentes, porém mais fatais, da desordem e da anarquia.

———

Tenho observado que em regra geral, entre nós, não é a mudança da opinião pública quem determina a mudança de política, antes é esta quem determina a mudança aparente da sombra de opinião que na realidade ou não existe, ou é muito fraca para que entre em linha de conta no exercício das faculdades e veleidades, que dão em resultado as mutações de cenas.

———

Ha coisa de trinta anos, e estava quase em dizer, há pouco mais de um quarto de século, no gozo das esperanças que

JORNAL DE TIMON

dava a inauguração do novo regime, e nas ilusões ingênuas
da inexperiência e virgindade política, escrevia-se o seguinte: — "A primeira vantagem desta forma de governo (a
constitucional) é a tendência que se dá aos estudos, às inclinações e à educação das ordens superiores; ninguém deseja
ser espectador silente nas assembléias públicas, e por isso todos se ressentem da necessidade de cultivar o talento e adquirir sabedoria, como *único* meio de adquirir também a estima dos seus concidadãos. Isto forma as maneiras e o
caráter de uma nação.

*"Nos governos populares a estima pública não se ganha se-
não por uma moral mais pura, e por um caráter intelectual
mais elevado.* Aquelas faculdades que qualificam os homens
para as discussões públicas, e que são o fruto de sábias reflexões, e de muito estudo, serão suscitadas e melhoradas por
aquela espécie de galardão, que, mais que os de outra qualquer espécie, prontamente enamora a ambição humana: este galardão é a importância e dignidade política.

"Depois disto, as eleições populares, ainda quando não
abranjam o todo de uma população, procuram e granjeiam
às classes inferiores a cortesia e consideração das superiores.
Todos desejam não desmerecer a estima do maior número.
Aquela altiva insolência dos cavalheiros e dos fidalgos miti-
ga-se muito, quando o povo se habilita a dar alguma coisa,

PARTIDOS E ELEIÇÕES NO MARANHÃO

e eles a receber. A assiduidade com que então se solicitam estes favores produz hábitos de condescendência, de respeito e de urbanidade; e como a vida humana se torna amarga pelas injúrias, e pelas afrontas dos nossos vizinhos, tudo quanto contribui para procurar a doçura e a suavidade das maneiras corrige no orgulho dos nobres e dos ricos o mal necessário da desigualdade, origem deste orgulho.

"De mais a mais a satisfação que o povo tem nos governos livres de ser todos os dias informado de toda a casta de exemplo político, por meio da liberdade de imprensa, como v. gr. do teor das discussões políticas de um senado ou de uma assembléia popular — das disputas sobre o caráter ou sobre a administração dos ministros — das intrigas e das contestações dos partidos — tudo isto excita um interesse, que dá moderado emprego às idéias do homem de bom senso, sem lhe deixar no espírito um penosa ansiedade. Estes tópicos excitam uma universal curiosidade, e, habilitando todo o mundo a produzir a sua opinião, formam um grande cabedal de conversação pública, e substituem os hábitos do jogo, da mesa, e dos entretenimentos obscenos e escandalosos."*

---

* Americus, *Cartas políticas impressas em Londres em 1825.* (N. A.)

JORNAL DE TIMON

Eternos deuses! Por que modo se hão realizado estas previsões e esperanças no longo curso do nosso aprendizado constitucional? Este povo que ia iniciar-se nos mistérios da nova vida e ciência política, e dar honesto e moderado emprego às suas idéias, abandona em massa as eleições, os vereadores as suas câmaras, os eleitores os seus colégios, os jurados os seus tribunais! As assembléias provinciais, é certo, não interrompem de todo, e de um modo permanente, os seus trabalhos; a isso obsta eficazmente o mesquinho subsídio, que atrai incessantemente os suplentes de um e dois votos; mas contemplai as suas galerias desertadas pelos espectadores; o silêncio — quase segredo — com que preenchem obscuramente o curso de suas abandonadas e menosprezadas sessões; atentai para a desenvoltura com que os partidos, cuidando ferir as pessoas dos adversários que as compõem, vulneram profundamente a própria instituição, expondo-a ao desprezo e irrisão pública; e dizei-me quantos anos não serão ainda necessários para habituar a massa da nossa população aos meneios da nova vida política?

Pelo que toca à recíproca deferência e consideração das diversas classes umas para com as outras, e sobretudo das classes superiores para com as inferiores, a corrupção, a pedintaria, os bródios e as comezainas, os cacetes, os espancamentos eleitorais, o recrutamento, e modo acerbo e exclusi-

294

vo por que se ele faz, falam com mais eloqüência que as mais ardentes declamações. A urbanidade, cortesia e aticismo que deveriam resultar do trato freqüente dos cidadãos educados à sombra larga e benéfica da árvore da liberdade, o leitor já viu como brilham nos artigos dos grandes e pequenos jornais, de que Timon lhes deu uma sofrível amostra. E as estupendas escolhas que assinalam e salpicam as páginas da nossa história eleitoral não consentem duvidar que *nos governos populares a estima pública só se ganha por uma moral mais pura, e por um caráter intelectual mais elevado!*

———

A par da indiferença, apatia e abstenção das grandes massas da população para os misteres da vida pública, civil e política, mostra-se o mal contrário na camada superior da mesma população, que, preterindo todas as mais profissões, não procura meios de vida senão na carreira dos empregos, não tem outro entretenimento que a luta e agitação dos partidos, outro estudo que o da ciência política, sendo tudo bem depressa arrastado pelo impulso cego das paixões para os últimos limites da exageração e do abuso. E porque as classes superiores são as que dirigem a sociedade, e a classe dos políticos supere entre nós todas as outras, suprindo o número, pelo ruído que faz, e posição elevada que ocupa, é ela quem dá o tom e verniz exterior à nossa sociedade, e lhe

JORNAL DE TIMON

faz tomar as aparências de um povo exclusivamente dado à política, e aos meneios, fraudes e torpezas eleitorais, quando a verdade é que o grosso da população, se nisso tem crime, é pela indiferença, antes conivência, com que contempla os abusos e escândalos da imperceptível, mas inquieta e turbulenta minoria. Em resumo: exuberância de vida política, tumulto, agitação, ardor febril, e paixões amotinadas numa pequena parte da população — silêncio, abandono, indiferença, ausência quase absoluta de vida, na outra parte que constitui a grande maioria.

———

Na ausência de motivos sérios de divisão, e de um verdadeiro antagonismo de idéias e princípios, os nossos partidos os inventam copiando e arremedando os estranhos, com toda a exageração própria de atores boçais e mal ensinados. Daí toda essa fantasmagoria e palavrório de poder, oposição, coalizão, revolução, clubes, jornais, credos, propagandas, sistema parlamentar, a que a pobre da província se há de moldar como a vítima no leito de Procusto,[111] contraindo, distendendo e deslocando os membros macerados,

....

[111] *Leito de Procusto*: leito a que Procusto, salteador da Ática, fazia ajustarem-se suas vítimas, cortando partes das que excediam, distendendo os membros das que fossem mais curtas.

296

embora a sua índole, atraso, ignorância política, e pouca população a inabilitem para tão ambiciosas experiências. Apesar porém de todas essas mentidas aparências, nem por isso é menos profunda e geral a ignorância da genuína ciência política, e a falta do verdadeiro tato e inteligência dos negócios. Em uma das nossas câmaras, a dos deputados ou dos senadores, pouco importa qual fosse, armou-se grave contenda sobre finanças, versando especialmente a disputa sobre o déficit ou remanescente da receita em certo e determinado ano. O ministro da Fazenda dizia que o déficit andava no referido ano por perto de três mil contos; o chefe da oposição porém, isto é, o ministro passado e futuro, sustentava que se as sobras não haviam chegado então a três mil contos, não tinham certamente sido inferiores a dois mil novecentos e noventa e nove. Quando um clamava que tal matéria não tinha que ver com argumentos mais ou menos especiosos, que nas cifras e algarismos é que estava tudo, acudia o outro que nos algarismos é que se ele fundava, que era também para os documentos do tesouro que apelava. E deste jeito tanto afirmaram e negaram, mostraram tanto ignorar e tanto saber, tal e tão estranha barafunda fizeram de contas e argumentos, que a nação que os ouvia, ou antes, que os não ouvia nem entendia, ficou como dantes a respeito dessa inextricável questão do déficit ou sobra. *Et adhuc*

JORNAL DE TIMON

sub judice lis est.[112] Henrique IV, ouvindo dois advogados sustentarem com igual vantagem e facúndia o pró e o contra, não se pôde ter que não exclamasse: *Parbleu messieurs! vous avez tous deux raison!*[113] A consolação que nos resta é achar também razão em todos os nossos partidos. Mas se a dois dos nossos mais eloqüentes oradores e abalizados financeiros tal acontecia, que diríamos dessa turba de improvisados políticos que dissertam sem fim de tudo e de todos, em todo tempo e a todo propósito?

Repetimo-lo ainda, a carreira política e dos empregos é quase a única a que se lançam as nossas classes superiores.

Indivíduos há que abrem mão de suas profissões, deixam ao desamparo as suas fazendas, desleixam o seu comércio, e se plantam na capital anos inteiros à espera de um emprego, consumindo improdutivamente o tempo e o pouco cabedal que possuíam, e que não obstante, bem aproveitados por um homem ativo e empreendedor, dariam muito mais que todos os empregos imagináveis. Mas nem porque alcancem a primeira pretensão se dão por pagos e satisfeitos,

---

§ | *112* *Et adhuc sub judice lis est*: e a questão ainda não se resolveu.

§ | *113* *Parbleu messieurs! vous avez tous deux raison!*: por Deus, senhores! os dois têm razão!

antes aspiram logo a outra posição melhor; e sempre inquietos e atidos à novidade, persuadidos que só as intrigas políticas, e não o mérito, é que dão acesso na carreira, a única coisa de que não curam é de cumprir as suas obrigações, e de aperfeiçoar-se nos estudos e na prática necessária ao mister ou especialidade que adotaram. Raros são os que para subirem mais e mais não vejam com gosto o sacrifício dos colegas e companheiros, com cuja sorte aliás os conselhos mais óbvios da prudência os deviam levar a se identificarem; mas a desgraça alheia com que folgam é bem depressa a desgraça própria, porque o egoísmo e a cobiça são vícios universais, que se ofendem, neutralizam e embaraçam reciprocamente. A mania dos empregos é tal, o mal tão grave e profundo, que já não são somente os pobres e necessitados que andam após eles; os grandes, os fidalgos e os ricos fazem outro tanto, e sem pejo nem remorso, ajuntam aos contos e contos dos seus bens patrimoniais os magros emolumentos de ínfimos lugares, roubados porventura ao mérito modesto e desvalido. Que poderá entretanto haver no mundo de mais miserável que esta perpétua oscilação, que estas eternas vicissitudes, que esta vida precária enfim do pretendente e do empregado?

———

299

JORNAL DE TIMON

A história refere que Agesilau, rei de Lacônia, tão extremado guerreiro como profundo político, fora um dia surpreendido a brincar com os filhos em um cavalinho de pau, e pedira envergonhado ao indiscreto amigo que dera com ele naquela atitude lhe guardasse segredo até que também tivesse filhos. Deste rasgo tiro uma observação diferente da do comum dos historiadores, e vem a ser que já naquelas remotas eras as crianças brincavam em cavalinhos de pau. Sem remontar porém a tão venerável antiguidade, entre os nossos próprios contemporâneos acharemos muitos, e não dos mais idosos, que dêem notícia que as crianças e meninos do seu tempo montavam cavalinhos como os filhos do guerreiro espartano, jogavam o pião, empinavam papagaios, ou faziam de soldados, capitães e generais, pois nada levava tanto após si os olhos dos meninos como as idéias e imagens belicosas.

Hoje em dia porém as coisas estão bem mudadas; qualquer marmanjo criado ao bafo de uma taverna meneia-se à feição de um presidente, sendo que a própria mulher do quitandeiro vê nele o futuro administrador da sua província, e não se faz rogar para lho dizer; os meninos de escola e de colégio escrevem, e imprimem jornais, e sonham presidências, deputações e ministérios como os seus antepassados da mesma idade sonhavam com bonecos, corrupios,

300

doces e confeitos. Diria aqui também que escrevem e representam dramas sanguinolentos, freqüentam os teatros e bailes, e fazem a diversos outros propósitos, de pequenos homens feitos, se me não tivesse circunscrito a só pintar costumes políticos.

Os pais de família, aproveitando e cultivando estas felizes disposições, sem consultarem nem as suas posses, nem a capacidade dos filhos, lá os vão mandando para as academias jurídicas de Olinda e São Paulo, e para as de medicina da Bahia e da corte. Vós credes que ali se formam médicos e jurisconsultos; não o contesto até certo ponto; mas a verdade é que sobretudo e principalmente formam-se, graduam-se, e doutoram-se homens políticos, quero dizer, deputados, presidentes, ministros e senadores, continuando na juventude, na idade madura e na velhice os sonhos e fantasias da primeira infância e puerícia.

Sonhos em verdade e fantasias para muitos, e nada mais. A educação literária e superior da raça dos pretendentes e candidatos os eleva no próprio conceito, abasta-lhes o peito das mais largas tenções, e abre à sua ambição estimulada os mais vastos horizontes; quando porém das alturas e devaneios da imaginação caem nas realidades da vida prática, as decepções amargas e cruéis se sucedem umas às ou-

JORNAL DE TIMON

tras. Seja que aspirem aos cargos de magistratura tão-somente, ou aos políticos, eletivos e administrativos, seja que aspirem a uns e a outros ao mesmo tempo; àqueles como a um meio seguro da existência, a estes como a um meio de passatempo e dissipação nas capitais e na corte, ou como satisfação ao poder e ambição política, é certo que os lugares não bastam à superabundância dos pretendentes. Daí vem que um grande número deles vegeta longo tempo no seio das privações, agravadas pelo sentimento das esperanças fraudadas; entanto que outros fatigados de uma virtude inútil buscam, como o doutor Afrânio, no vício, na corrupção e nas transações, a satisfação de desejos tanto mais irritados e frenéticos, quanto mais tempo estiveram sem matéria em que cevar-se. Daí resulta ainda uma imensa perturbação moral na sociedade, mais funesta porventura em seus efeitos permanentes que as perturbações materiais, de sua natureza rápidas e efêmeras. E em derradeira análise o patronato político, a cabala, a intriga, e ainda os cegos caprichos do poder e do acaso elevam, por fim, de preferência, os mais ineptos, estúpidos ou corrompidos.

———

E pois que tratamos da vida política, da sua inquietação e exuberância, da corrupção e da imoralidade que assinalam a época, da inexperiência, enfatuação e petulância da moci-

302

dade, quando cada um se julga um Pitt e um Carlos XII, porque este vencia batalhas aos dezoito anos de idade, e aquele era ministro preponderante aos vinte e um, não será fora de propósito ouvir sobre estes diversos assuntos a um filósofo que soube revestir a austeridade dos princípios daquela graça e amenidade com que eles mais facilmente se insinuam e calam nos ânimos.

"Quanto mais amo os mancebos (diz ele), mais obrigado estou a lhes falar verdade. O primeiro defeito com que hoje em dia se lhes pode dar em rosto é o de terem pretensão a uma velhice prematura. A madurez afetada é puro pedantismo, e eu antes quisera ver nos mancebos disposições mais alegres e prazenteiras, e um mais gracioso abandono.

"Havendo as revoluções dado ao espírito uma extrema atividade, acontece que muitos mancebos se dão aos estudos com um ardor e zelo outrora desconhecidos; porém desconfio que nos mais deles o amor-próprio faz ainda mais progressos que o amor da instrução. Nestes tais deparas com aquela segurança e orgulho, que é o característico da época. Causa dó ver publicistas imberbes a regerem o mundo com frases de gazetas, tendo de si para si que são os campeões necessários de tal ou tal partido. Os seus estudos abrangem tudo, o seu tom é sempre dogmático; não conversam, lecionam; o pensamento de uma dúvida modesta os escandaliza-

JORNAL DE TIMON

ria; estes pulverizam Locke, aqueles Platão, e o seu princípio cardeal é nunca hesitar sobre coisa alguma. Como se não arrepiaria hoje Fontenelle que já no seu tempo dizia: *Apavora-me a horrível certeza que por toda parte encontro!* O maior obstáculo à indagação da verdade é porventura a falsa persuasão de havê-la encontrado, e as nossas escolas sem dúvida floresceriam mais, se nelas andasse mais em voga o seguinte adágio: *Jactância é sinal de ignorância.*

"O orgulho é a perdição dos mancebos que cheios de si e do seu mérito são a presa inevitável dos partidos; por isso o primeiro conselho a dar-lhes acerca de política é que se guardem bem de tomar nela uma parte demasiadamente ativa. Um mancebo pode primar em tudo aquilo a que bastem um coração reto, uma viva imaginação e uma meia ciência. Mas em política um coração reto não basta, uma imaginação viva é quase sempre funesta, e os conhecimentos incompletos conduzem a erros e tombos, ora ridículos, ora deploráveis. Para resolver um problema é mister possuir todos os seus dados, e não há certamente problemas tão complicados como os que abrangem as necessidades, hábitos, recursos, luzes e preconceitos dos povos. Dizer de um mancebo que é um consumado político monta tanto como dizer que aos vinte anos é possível ter um perfeito conhecimento do homem e dos homens, o que é um grande absurdo.

PARTIDOS E ELEIÇÕES NO MARANHÃO

"O conhecimento dos interesses da sociedade é um belo predicado em qualquer parte do mundo; nos governos livres porém é até um dever. Causa admiração o número extraordinário de homens distintos que os ingleses sempre têm no meneio dos negócios públicos; e eles o devem à natureza dos seus estudos, donde colhem dados e conhecimentos mais positivos que os nossos. Já era tempo de imitar o seu exemplo. Meia dúzia de idéias metafísicas não bastam para iluminar as assembléias e os conselhos.

"Para dar unidade às idéias que adquirimos, e encaminhá-las a um fim determinado, é mister primeiro que tudo cultivar a moral e a virtude. Esta é ciência primordial, e a que dá ao espírito justeza e extensão, e ao caráter elevação e firmeza. Platão queria que, antes que os mancebos ouvissem as suas lições, aprendessem geometria. Nos que porém desejam adquirir idéias ajustadas em política, exigiria eu um preparatório menos difícil, e vem a ser, que profundassem certo princípio de Aristóteles, nutrindo com ele a alma e o espírito.

"Falo daquele princípio de moderação tão simples e admirável, que nos mostra cada virtude entre dois vícios, ensinando-nos que para atingir o bem é mister fugir de contínuo aos dois excessos contrários. Por este modo a coragem desdenha a covardia e a temeridade; a justiça dista tanto da

305

JORNAL DE TIMON

fraqueza como do rigor; a temperança é tão inimiga da devassidão como da austeridade; a religião levanta-se entre a impiedade e a superstição, a liberdade entre a escravidão e a licença; e assim por diante.

"A este princípio santo e sábio é que os partidos declaram uma guerra encarniçada, porquanto as idéias e sentimentos que lhes prazem não podem, em seu conceito, transviar-se até a exageração e o excesso. Entretanto o princípio de Aristóteles é verdadeiro e fundamental. A saúde conserva e desenvolve as forças e beleza do corpo; e a moderação é a saúde da alma.

"Não é a política uma ciência que se aprenda unicamente nos livros, ou no interior de um gabinete: é sobretudo a ciência do mundo, onde cumpre estudar os homens para recolher as lições da sua experiência, e aprender a conhecê-los e julgá-los. Infelizmente, neste segundo estudo da política, perdemos ordinariamente quanto havíamos adquirido no primeiro, deixando apagar em nós o amor do bem e os doces sentimentos que ele gera.

"No mundo nunca faltam pretextos e motivos variados a uma multidão de indivíduos para negar acolhimento às doutrinas elevadas e nobres. Temos primeiro os homens frívolos e levianos, incapazes de prestar a menor atenção às coisas sérias. Estes tais basta que sejam abandonados à sua nulidade.

"Vêm depois os ambiciosos e intrigantes. As idéias generosas excitam a sua antipatia; e como sobretudo querem ser servidos, se alguém lhes fala em dever ou no bem público, tomam-no logo por uma hostilidade pessoal.

"Quando dizemos que são falsos os princípios por que se conduz esta casta de gente, podemos a tal respeito cair num engano, pois tais princípios são falsos ou verdadeiros, segundo o fim a que cada um aspira. E em verdade os caminhos tortuosos que amam trilhar os intrigantes são os mais azados e seguros para os homens de talento medíocre que armam ao favor, à proteção e aos empregos, ou querem à força deixar de si no mundo algum rasto ou memória. Mas as vias retas são certo preferíveis para quem traz no coração o amor do bem, e, sentindo-se capaz de exercer uma influência honrosa e benéfica, aspira a deixar um nome respeitado e glorioso. À vista disto, escolhei, mancebos.

"Não me leveis a mal que eu recuse admirar as vossas luzes, e ouse aconselhar-vos que andeis menos seguros de vós mesmos. Para que possais alguma hora ser úteis, cumpre que sem perda de tempo vos entregueis a trabalhos sérios, dando-lhes por fundamento a moral. Este estudo não deve limitar-se a um vão desenfado do espírito; pela honestidade

JORNAL DE TIMON

dos costumes deveis fazer a provança dos vossos progressos. Quem aspira a ilustrar e dirigir os homens, deve começar por ser homem. Afronta e vitupério a esses detestáveis preceptores que fecham os olhos às faltas e erros da vida privada, opinando que na carreira política bastam os talentos. Abri a nossa história, e ela desmentirá com um estrondoso exemplo esta deplorável doutrina. Com a revolução, assomou na grande cena um homem de gênio; os seus colegas eram sim dotados de talentos não vulgares; mas verdadeiro orador, ele só: que além de vastos e profundos conhecimentos, possuía em grau eminente aquela intrepidez de caráter que nas situações arriscadas inspira confiança, e arrasta os demais homens. Um só fato basta para revelar-nos o alto conceito que de Mirabeau e da sua força se formava. A revolução devorou tudo quanto lhe embargava o passo; e dir-se-ia que os obstáculos eram o seu alimento. A imaginação espavorida no-la representa como um carro arrebatado ao despenhadeiro por fogosos corcéis; e Mirabeau deu ocasião a duvidar-se se seria possível à sua mão vigorosa suster e moderar a seu talante este carro impetuoso. Esta dúvida só é bastante para que aquele que a inspira avulte em nossa imaginação como um ente colossal. Pois bem, Mirabeau nada poderia fazer a bem da pátria, por causa de um único meio que lhe falecia. Maculado por uma vida dissoluta, impunha,

308

sim, a admiração, mas não podia inspirar a estima; e ao passo que seus partidistas coravam de militar sob as suas bandeiras, os adversários opunham ao lustre dos seus talentos o opróbrio dos seus costumes. Foi então que, amestrado pela experiência, e querendo pôr um freio às paixões populares, mitigar os régios infortúnios, e assegurar à pátria uma regrada liberdade, sentiu amargamente tudo quanto lhe faltava para poder alcançar uma confiança plena, e levar a efeito os projetos a que andavam ligadas a nossa ventura como a sua glória.

"Vede bem a quem imitais. Não basta ser ambicioso, cumpre saber sê-lo; os talentos que não assentam no pedestal da virtude semelham à estátua com pés de argila. Tomai por modelos na política e nas letras a um Fénélon e a um l'Hospital, e se quereis exaltar e sublimar as vossas almas, contemplai e reverenciai estes entes superiores. Empregai anos inteiros a colher úteis conhecimentos, e a aperfeiçoar costumes que possam acarear a estima."*

———

Mas enquanto o nosso bondoso e amável filósofo brada moral, prudência, moderação, trabalho, estudo, aplicação; a

---

* Droz, *Aplicações da moral à política.* (N. A.)

JORNAL DE TIMON

corrupção, a temeridade, a intemperança, a ociosidade, a ignorância e a dissipação marcham de mãos dadas e a passo igual, e, transpondo a arena política, invadem todas as relações civis. E com efeito, quem no jogo dos partidos se habituou a falsificar listas e atas, a fraudar a lei, a trair amigos, a renegar princípios, a rebaixar-se e aviltar-se por todos os modos, após empregos e posições, resumindo toda a moral no triunfo e no bom êxito, esse tal ficará mais que muito habilitado para cometer na vida civil toda a qualidade de crimes. E como a escola é vasta, e os discípulos, ouvintes e espectadores numerosos, os vícios e os crimes se têm multiplicado e generalizado de um modo espantoso.

Não é possível contemplar sem susto o grau de desmoralização a que tem chegado a nossa sociedade pelo que diz respeito aos atentados contra a propriedade, desde a falta de delicadeza e pontualidade, desde o simples calote até o infame abuso de confiança e o roubo a mão armada. O mal nesta parte me parece mais profundo e irremediável do que em relação mesmo aos atentados contra a pessoa e vida, que aliás tão lúgubre nomeada tem atraído à província; porque, em derradeira análise, muitos dos assassinatos que se cometem derivam da cobiça desenfreada do alheio e nela prendem.

Lançai os olhos derredor de vós, e admirai o espetáculo que se vos oferece.

Uma quantidade inumerável de indivíduos gastam desordenadamente, e sem nenhuma proporção com as suas posses e meios; e para acudir aos vexames que daí resultam, recorrem primeiro ao expediente ruinoso dos empréstimos a crescidos juros e multiplicadas reformas: — depois, quando são executados, aos intermináveis enredos da chicana, às dolosas nomeações de objetos vis e sem preço para as penhoras, na esperança de que sejam adjudicados ao credor, que confiara na sua palavra de honra, e porventura os remiu com seu cabedal e dinheiro de algum grande aperto e vexame; — e finalmente, quando falham estes expedientes já vulgares, às hipotecas e venda supostas, aos contratos simulados de todo o gênero, ao estelionato enfim!

Para todas estas infâmias é mister o auxílio de cúmplices e figurantes; e não é raro vê-los retorquir contra os maus devedores a fraude a que estes recorreram para não pagar a seus legítimos credores. É o abuso de confiança na intimidade do crime.

Há distritos inteiros em que os devedores se coligam em larga e vasta aliança ofensiva e defensiva para não pagarem as suas dívidas, e tendo por si os juízes pedâneos[114] suplen-

---

[114] *Juízes pedâneos*: juízes não letrados, leigos.

JORNAL DE TIMON

tes, que ordinariamente são da mesma classe, quase sempre levam por diante os seus intentos. E nos mesmos distritos, as famílias numerosas de indústria se repartem pelos diversos partidos, para terem sempre justiça de casa, pertencendo constantemente por alguns de seus membros ao partido que for o dominante.

A usurpação de terras, o açoitamento de escravos e o furto de gado parecem já costumes inveterados da população em certos outros lugares; como nas vilas e cidades a falsificação de gêneros, pesos e medidas, e a parceria dos vendeiros com escravos e domésticos.

A infidelidade dos comissários, as falências de má-fé, as administrações pouco escrupulosas, a pública fabricação de moeda de cobre, a espantosa falsificação de títulos de dívida pública por ocasião da última guerra civil, a inundação de cédulas falsas, os repetidos alcances[115] de tesoureiros, os multiplicados roubos de diversos cofres públicos, essas casas invadidas para serem saqueadas, mal expira o infeliz proprietário, senão é que são os próprios familiares que se lançam, por assim dizer, ao cadáver ainda quente e o despojam sacrilegamente de todos os objetos de algum preço; os tes-

---

| [115] *Alcances*: desfalques.

312

tamentos falsos, que os previnem a uns e a outros, todos os crimes imagináveis enfim, completam e realçam o quadro horrível, que negreja diante dos nossos olhos.

Entretanto não é o crime só de per si considerado que nos deve espantar; que não é só aqui que ele se comete, e por toda a parte as tendências perversas e os instintos do mal se revelam e manifestam mais ou menos. O que porém a justo título pode entre nós gerar o descorçoamento, e mesmo o terror ainda nos ânimos de mais forte têmpera, é o caráter de generalidade que vai tomando, é a publicidade e impudência com que ele se perpetra impunemente, em face das autoridades e tribunais, sem comover sequer uma população já embotada, fria e indiferente para o mal como para o bem; que a tal ponto nos havemos familiarizado com o crime que nos parece a coisa mais simples e natural fazerem o serviço de palácio os malfeitores condenados a galés, que em outros países são cuidadosamente seqüestrados de todo trato e vida civil, e reclusos em grandes depósitos murados e aferrolhados; é sobretudo a horrível boa-fé, e cinismo e a tranqüilidade de consciência dos criminosos, que ao praticarem os maiores atentados se desculpam a si mesmos por um raciocínio que o estado da nossa sociedade legitimaria, se coisa alguma fosse poderosa para legitimar o crime. O sofisma banal dos homens imorais do nosso país é que o que eles fazem, todos os outros fariam em seu lugar. E andam tão firmes neste conceito, que nada é comparável à estranheza que experimenta qualquer miserável quando algum homem de bem refusa aceder às solicitações do crime, parecendo-lhe, primeiro que se convença de ser a honra e a virtude uma coisa possível, que a resistência é apenas uma hipocrisia, ou um manejo calculado para alcançar mais amplos proveitos. Um destes miseráveis negociou em certa ocasião uma avultada soma em títulos falsos; descoberto (caso raro) e perseguido imediatamente pela justiça, cujo zelo fora aliás estimulado pelos particulares enganados, o delinqüente, obrigado a evadir-se, narrava o *acontecimento* debulhado em lágrimas, lastimando-se, e dizendo a quem o queria ouvir que era o mais infeliz dos mortais; porque sendo imensa a quantidade de indivíduos que *negociavam* de há muito naquela espécie de papéis, só ele fora o malsinado, logo da primeira vez que procurou tentar fortuna! Vê-se, como na Fedra de Racine, que era o pesar da malograda empresa, e não o remorso do crime que o pungia.

Ai! deste amor funesto
Meu triste coração não colheu fruto!

———

Neste abismo de corrupção vieram pois a dar as formosas e risonhas esperanças que concebera *Americus* por ocasião da inauguração do novo regime, e sistema constitucional! E eis aí como as palestras e misteres da nova vida política desviaram os cidadãos do jogo e da devassidão, dando honesto e variado entretenimento à atividade do seu espírito!

A Timon falecem os meios de verificar com rigor e exatidão qual era a vida íntima e a moralidade dos nossos maiores; mas é possível conjeturar com algum fundamento que se então havia crimes e vícios, como em todos os tempos e lugares, ao menos eram eles em sua generalidade isolados, quase individuais, recatados, cometidos e exercitados a medo, e nas sombras do mistério. Se não encontravam então uma severa repressão da parte da autoridade, não sei ao menos de algum grande e poderoso incentivo que os favoneasse e desenvolvesse; hoje em dia porém em que, para cúmulo de miséria, tendo a política comunicado a sua imoralidade a todas as relações civis, já a destas reage por seu turno sobre ela, auxiliando-se reciprocamente por este modo todas as variedades do mal; hoje em dia os vícios e os crimes entonam a cerviz,[116] manifestam-se com descaramento

---

[116] *Entonam a cerviz:* erguem a cabeça.

JORNAL DE TIMON

sem igual, prosperam e ousam tudo, sob a proteção coletiva dos partidos, excitam-se com o seu exemplo, e triunfam da frouxa resistência da autoridade, ora rebaixada e sem força moral, seja que o descrédito lhe venha da ação dissolvente da difamação sistemática, que é uma das chagas do tempo; ou da sua própria participação na imoralidade política e privada que só deviam combater.

Dir-se-ia que o novo sistema de liberdade e independência, suscitado para corrigir e extirpar os abusos do antigo despotismo e escravidão, se fez cúmplice obsequioso deles, e lhes deu grande e solene entrada na sociedade atual, no meio dos aplausos dos comícios e assembléias, e à grande luz fúnebre da imprensa e publicidade.

———

Aos que porventura me acusarem de exageração e misantropia, e argüirem os meus quadros de sombrios e carregados em demasia, poderei responder que tenho por mim o testemunho de quase todos os escritores contemporâneos, órgãos dos nossos principais partidos, dos quais nesta parte só me distingo pela imparcialidade com que afronto e repreendo o mal onde quer que o descubra e ele esteja, quando eles só o vêem e condenam nos seus contrários.

"Não temos justiça no país (exclama um)! Os jurados aqui mesmo na capital têm-se mostrado dispostos a absol-

316

PARTIDOS E ELEIÇÕES NO MARANHÃO

ver todos os crimes; até um parricida esteve a ponto de ir para o meio da rua; um escravo que matou outro nesta capital, havendo quatro testemunhas de vista no processo, três vezes foi *unanimemente* absolvido pelo júri, esgotaram-se todos os recursos, nada valeu; o réu foi solto e livre. Para que havemos de citar mais exemplos que provam a nossa degradação? Se crimes horrorosos encontram no júri tanta compaixão, o que se pode esperar das calúnias quando logo se lança em rosto ao caluniado que quer perseguir a imprensa? O crime entre nós está tão altanado que já não precisa dos favores do júri."*

"Tal é o lamentável estado em que se acha o Maranhão", diz outro. "Há dez anos para mais, não há mal, humilhação e afronta por que ele não tenha passado! A lei iludida, e tão desacreditada, que move o riso invocá-la, porque a garantia da sua execução se tem tornado uma perfeita burla — pelo patronato e temor; os homens de inteligência, de mérito e patriotismo, postos de parte e substituídos pelos ineptos, que se prestam a ser dóceis manivelas dos que os revestem de mando; a Constituição, na sua parte a mais importante (a que diz respeito aos direitos políticos) de ordinário repre-

---

* *Estandarte* de 14 de janeiro de 1852. (N. A.)

JORNAL DE TIMON

sentada por homens da mesma plana, sem consciência do que devem fazer nem do que fazem, assinando de cruz os alvarás de seus amos; as eleições feitas com caráter de assalto e de saco, e reduzidas aos termos dessas cenas noturnas que se passam nas charnecas e azinhagas, nas quais a bolsa dada sem resistência é a garantia da vida do viandante acometido; os dinheiros públicos distraídos de seus fins legítimos para com eles se pagar serviços eleitorais, arranjar afilhados, e assoldadar-se asseclas; a divisão da família maranhense, outrora tão unida e feliz que se fazia por isto notar do estrangeiro; o desmoronamento enfim de todo o nosso edifício social, eis os funestos frutos do erro em que nos tem feito viver o pugilo de egoístas e ambiciosos que sós eles lucram com os nossos males e discórdias!

"O que mais nos faz lamentar na contemplação deste triste quadro é ver que muitos maranhenses como que se comprazem em continuar na sua cegueira! Bem poucos são os que confidencialmente e nas conversações particulares não reconhecem e confessam tudo quanto havemos dito, e todavia esses mesmos ainda continuam a prestar-se para instrumentos da infernal política desses homens sem consciência e amor da pátria! É que, como já dissemos, o despotismo de uma causa tão mesquinha acaba por amortecer nos

318

corações dos que o sofrem o brio da independência, e o fogo do patriotismo.

"Custa-nos dizê-lo! Mas, enfim, quem o ignora? Esta bela e nobre província, que a todos os respeitos merece ocupar um lugar tão distinto entre as demais províncias do império, se acha hoje tão desmoralizada, por efeito da cínica política desses egoístas, e tão desacreditada no conceito geral, que parece estar, de muito, condenada a representar de escória de todas elas! Debalde quiséramo-nos iludir a nós mesmos, supondo falso ou, ao menos, exagerado a este juízo, porque aí está a triste realidade dos fatos para nos tirar do engano!"*

_____

Timon, de resto, quando pinta o mal, sem exagerá-lo, é certo, mas sem dissimular também toda a sua grandeza e intensidade, não entende nisso estabelecer a negação absoluta do bem. Felizmente ainda respiram entre nós muitos homens igualmente dotados de sentimentos honestos e de grandes qualidades; nos partidos mesmo notam-se às vezes movimentos generosos; e em algumas épocas as tendências para a emenda e reformação têm sido manifestas e anima-

_____

❧ | * *Observador* de 20 de janeiro de 1852. (N. A.)

JORNAL DE TIMON

doras. E por mais que a corrupção, a imoralidade e o vício estejam generalizados e potentes, não é impossível fazer calar os bons princípios, se uma voz e uma ação poderosa se quiserem fazer ouvir e sentir, porque existem sempre secretas e simpáticas harmonias entre o homem de bem e de gênio que fala e obra, e a multidão que escuta e vê. Tudo se acha, é certo, acurvado de presente ao peso do mal, presos uns pelos outros, e contaminados do mau exemplo, da mesma forma que as pedras de uma abóbada comprimidas e arrimadas umas às outras se sustêm reciprocamente; haja porém uma mão vigorosa que aplicando-lhes o ferro destruidor faça saltar duas ou três, e para logo desabará todo o edifício que na robustez da sua construção parecia desafiar o tempo.

320

9

Época de maravilhas e catástrofes — Os tribunos e os reis justificados pela mão do algoz — O poder imperial, único poder efetivo entre nós — O imperador deve reinar, governar e administrar — Grandeza do mal e do remédio — Extirpação dos partidos — Presidências políticas e presidências administrativas — O bem, por meio do trabalho, da indústria ou da riqueza.

Que a nossa situação é das piores, se não de todo péssima e desesperada, é coisa que já não pode sofrer dúvida e contestação. Donde porém lhe há de vir o remédio? Quem oporá ao mal uma barreira assaz poderosa, se não para contê-lo de todo na sua marcha desempeçada e vitoriosa, ao menos para embaraçá-lo e demorá-lo? Donde e como partirá o impulso para o bem?

A época em que vivemos é fecunda em catástrofes, desastres e vicissitudes de todo o gênero, e será por isso assina-

JORNAL DE TIMON

lada entre todas nas idades futuras. Se por uma parte obscuros plebeus são dizimados pela perseguição, de outra os reis abdicam e fogem disfarçados, para evitarem as masmorras e os desterros, e ainda a mesma mão do carrasco já habituada a tatear régios pescoços. Nem a prescrição dos séculos, nem a consagração do direito divino, nem o prestígio da glória e do gênio, nem os cálculos e precauções do bom senso, da habilidade e do talento são títulos seguros de preservação e salvação. Luís XVI, Napoleão e Luís Filipe o atestam de um modo tão eloqüente como irrespondível. Londres viu há poucos anos, quase reunidos dentro dos seus muros, um dei de Argel, um imperador do Brasil, e um rei de França, trazido assim para a vida real nesta era de prodígios um dos mais inverossímeis e arrojados devaneios da imaginação de Voltaire, quando no seu romance do *Otimismo* nos figura vários potentados decaídos, juntos pelos caprichos da fortuna em uma obscura estalagem de Veneza.

Montaigne dizia que por mais aveludado e dourado que seja o trono ninguém se pode nele assentar, a não ser sobre as próprias pousadeiras; e se houve tempo em que se faça bem sentir a verdade deste pensamento do filósofo francês, cuja cínica expressão aliás adoço quanto me é possível, é certamente o tempo presente, em que a grandeza humana se nos apresenta humilhada na pessoa de um rei conduzido ao

322

suplício com as mãos atadas para trás, e publicamente despojado das suas vestes e cabelos pelas mãos polutas do algoz.

Como contraste porém no meio da instabilidade e subversão universal, lá aparecem tempos, lugares e ocasiões em que a influência monárquica brilha em toda a sua força, e de um modo tão irresistível como espontâneo, posto que a causa do fenômeno não seja das mais puras e honrosas, visto não ser outra senão o servilismo e adulação dos súditos.

Um dos nossos estadistas asseverou em pleno parlamento que só seis indivíduos tinham algum poder no Brasil, e eram os seis homens que se assentavam nas cadeiras de São Cristóvão. Seria porém mais exato se subisse um pouco mais alto. A única força e poder real que atualmente temos existe no imperador. Os ministros só crescem ou vegetam à sua sombra; a força que têm, toda a tiram dele, e se algum tempo a tiveram própria, perderam-na, ou abdicaram-na voluntariamente, escarmentados nas longas abstinências de vaca magra, a que os levaram certas imprudentes veleidades de independência. A julgá-los hoje em dia pela sua resignação e longanimidade, dir-se-ia que, como os lacaios de Gil Blas, juraram pela Styge nunca mais suscitar questões de gabinete; e esta jura terrível é sabido que nem deuses nem ministros ousam impunemente quebrantá-la.

323

JORNAL DE TIMON

E se o poder real é o único, se na ausência e extinção do antigo religioso respeito para com o dogma quase sagrado da monarquia, o interesse e a adulação atraem nada obstante todas as homenagens e adorações ao trono, maior se torna por isso a responsabilidade dos reis e imperadores, e mais cresce neles a obrigação de se mostrarem peritos e zelosos no seu ofício, suprindo com a boa vontade, com o zelo e com a prudência as grandes qualidades que porventura lhes faleçam, e que infelizmente nem sempre os preservam de quedas estrondosas e escarnecidas.

Nas alturas vertiginosas do poder e majestade é talvez indispensável a inspiração e ajuda do céu para que a fraca força humana não desvaire, e se lance nos abismos da perdição, arrebatada pelo próprio peso. O menor descuido transformará as virtudes mais singelas nos vícios mais perigosos, mormente para um rei.

Segundo a expressão enérgica e pitoresca de Napoleão, certas ficções constitucionais são bem próprias para transformar o rei num animal tão egoísta e preguiçoso como inútil, espécie de cochino cevado a preço de milhões. De mim confesso que não sei admirar estas maravilhosas ficções; e menos ainda a prudência e imparcialidade, como as entendia e praticava Luís XVIII, que sacrificava alternadamente ora um, ora outro partido, deixando-se atuar ao capricho

324

das maiorias flutuantes, e pelos acontecimentos, que aguardava, sem nunca provocá-los e dirigi-los, preferindo sempre e a tudo o seu repouso pessoal.*

Em um país novo, e ainda renovado pelas instituições recentes, onde não há vícios nem virtudes, nem costumes de qualidade alguma profundamente arreigados, uma iniciativa vigorosa e franca se faz sobretudo sentir; o impulso partido do alto achará por toda parte matéria flexível e branda como a cera, pronta e disposta a amoldar-se em todos os sentidos, e ainda os mais opostos, assim para o bem como para o mal.

Ora, o nosso primeiro mal são os partidos, aliás meia dúzia de indivíduos que sob o nome de partidos se agitam na superfície da sociedade, e desviam toda a sua atenção e atividade para as contendas estéreis da política, preteridos e abandonados todos os outros deveres e profissões. Um publicista argentino, escrevendo ultimamente das coisas da sua pátria, graduou os progressos que uma nação pode fazer em quatro espécies, o moral, o industrial, o intelectual e o político. Ignoro se a classificação é justa, isto é, conforme à verdade e natureza das coisas; mas se houvermos de adotá-

---

* Chateaubriand, *Memórias d'além-túmulo*. (N. A.)

JORNAL DE TIMON

la, poderemos afoitamente dizer em relação à nossa pátria que nada absolutamente temos de progressos morais e industriais; apenas alguma coisa do intelectual; em demasia porém do político, bem entendido, do progresso político vicioso, exuberante e desordenado, tal como o deixamos longamente descrito nas páginas anteriores.

A estes partidos, pois, como fonte e origem de todo o mal, se não única, a principal, cumpre declarar e fazer guerra incessante e a todo transe, até sua completa extirpação do solo que esterilizam e desdouram. Que significam essas eternas mascaradas e fantasmagorias de política plagiada servilmente, em pobres províncias de segunda e terceira ordem? Se as necessidades do sistema que a nação adotou exigem experiências e ensaios nos grandes teatros e centros de população, sejam eles dispensados, ou pelo menos consideravelmente reduzidos nos pontos de menor importância. Desenvolvam o governo e os partidos a sua política nas grandes províncias; mas consintam, se não por outro qualquer sentimento, pelo da piedade e compaixão, que as pequenas curem de interesses mais sérios e palpitantes, sob pena de as vermos sem muita demora caídas no último abismo da miséria e perdição, de atrasadas e decadentes que já se acham. Haja embora províncias em que o governo se ostente e seja efetivamente político, mas em outras o seu dever é mostrar-se exclusivamente administrativo, promovendo a agricultura e a indústria, e por elas o bem-estar e a moralidade da população. Creio bem que este procedimento há de excitar o descontentamento e os clamores de não poucos, e mormente dos que interessam e ganham com a perpetuação dos abusos; não duvido mesmo que alguns ânimos retos e bem-intencionados se associem à grande algazarra, bradando contra a distinção anticonstitucional das grandes e das pequenas províncias, e argumentando que todos os brasileiros são iguais perante a lei, sendo contra toda a justiça e sã política gozarem uns de todos os privilégios e vantagens da nossa forma de governo, e outros reduzidos à condição de hilotas. Mas o governo deve ir por diante sem fazer cabedal algum das contorções do enfermo, dolorosamente operado sim, mas para sua melhora e salvação. Além de que, aos que se queixarem de boa-fé, poder-se-á com sobeja razão responder que a guerra aos partidos não é feita a ferro e fogo, pela violência material ou ainda mesmo pela intimidação, senão somente contrariando e reprimindo as suas tendências perniciosas, e a exuberância de vida e atividade política, e favorecendo por outra parte as tendências opostas para os trabalhos e empresas industriais de todo o gênero. Que na própria libérrima Grã-Bretanha a corrupção eleitoral e o abuso da política têm sido punidos com a privação do vo-

JORNAL DE TIMON

to, infligida a distritos inteiros por largo número de anos; e que se outro tanto se praticasse conosco, como mais que muito merecemos, a punição não seria nenhuma novidade, atento o estado real da província; porque despojados do direito de voto estamos nós já de há muitos anos pelas fraudes e violências dos partidos, e nem o espírito mais obcecado poderá desconhecer que enquanto as coisas não forem radicalmente emendadas, não será possível que as eleições se façam por outro modo. As fraudes e as violências são elementos tão essenciais na nossa atual organização, que nenhum partido ousa abrir mão delas, e cingir-se aos meios legítimos, porque sabe que, se o fizer, será infalivelmente suplantado pelo partido adverso menos escrupuloso.

Assim que o mal da reforma é todo aparente e imaginário, e a sua utilidade mais que evidente. As paixões que geram por toda parte as lutas políticas, e a ambição de mando e poder, são entre nós ainda exacerbadas pela situação e fortuna precária dos combatentes. Não é crível que o patriotismo desinteressado, a nobreza e independência de caráter se aliem facilmente com as preocupações vulgares e inexoráveis da subsistência, em indivíduos que não têm outra profissão e meio de vida senão a política, e as posições que com o seu auxílio se conquistam; e pode-se ter como certo que na mesma proporção em que afrouxam e desfale-

cem aquelas virtudes, tomam vigor e robustez os vícios co¡
trários. E talvez o melhoramento, o bem-estar, a riqueza e
opulência enfim, obtidos por meio do trabalho e da indústria, mitigando a sede devorante de gozos materiais que procura hoje satisfazer-se, ainda pelos meios mais ilícitos; e
adoçando as paixões irritadas pela luta e concorrência, dêem
grande e generoso impulso à moralidade pública, acalman-
do o ardor e a ambição da raça cruel e implacável dos candidatos e pretendentes, e acabando com a instabilidade dos
empregos, tão perniciosa à classe dos funcionários, como ao
mesmo estado que há mister os seus serviços.

Se nas grandes províncias, onde a riqueza a que atingi-
ram torna mais fácil e menos perniciosa uma ardente aplicação aos debates políticos, trata-se não obstante de impri-
mir nesta época tão vigoroso impulso aos melhoramentos
materiais, por modo que a riqueza já adquirida tome rapidamente as proporções gigantescas de uma verdadeira opulência; por que razão não se há de distribuir às pequenas
uma parte, inda que mínima, do mesmo benefício?

Mas para que se arranque e extinga um mal tão invete-
rado, para que se alcance tamanho bem, é mister que o impulso parta não já de gabinetes efêmeros, contraditórios e
oscilantes, senão do próprio chefe do estado, que, sendo
possível, deve não só reinar e governar, como administrar, e

JORNAL DE TIMON

minuciosos pormenores do governo destas
ias. Se nos faltar esse impulso superior,
e desinteressado, mal de nós e delas que irão de
ara dia piorando de situação.

Não basta mandar um presidente cuja falaz imparcialidade consista em poupar e cortejar a uma e outra banda a
corrupção e o vício, que sabem mascarar-se e disfarçar-se
por tão variados meios; não basta inverter e mudar certas
posições, é preciso atacar o mal frente a frente, e destruir todos os antros em que ele se acolhe. A imparcialidade se há
de revelar pela severidade e inteireza, não pelos sorrisos e
complacências; pelos trabalhos, pelas fadigas, pelos sacrifícios, pelos ódios e perigos afrontados, não pelos prazeres e
distrações. É mister sobretudo que os presidentes de uma
vez para sempre se abstenham de intervir nos mesquinhos
debates dos partidos, deixem de rebaixar todos os dias a
própria autoridade, e representem e sirvam dignamente o
imperador seu amo, que certo saberá e quererá galardoar
dignamente os seus serviços.

A certeza da futura recompensa deverá apartá-los dos
cuidados de sua conservação, e das cabalas a que nesse in-
tuito ordinariamente se entregam; e a duração das presidências seja rigorosamente subordinada às vantagens e necessidades do público serviço. Se pelo cumprimento severo dos

PARTIDOS E ELEIÇÕES NO MARANHÃO

seus deveres o presidente ferir interesses ilegítimos, suscitar animosidades e resistências fora do comum, ceda o passo a outro que continue o sistema de ânimo sossegado e espaçoso, e sem o embaraço das ofensas recebidas e dos ódios acumulados; mas ceda-o de boa sombra, sem pesar como sem desar, que certamente o não pode haver nas circunstâncias figuradas. O sucessor, digo eu, continue o sistema começado, e acabe por uma vez esse espetáculo vergonhoso e incrível de um indivíduo constituído em autoridade a desacatar o nome e a pessoa de seu antecessor, e a inverter, violar e destruir todos os seus atos, sob o falso e mentido pretexto de uma política diversa que ninguém sente ou conhece, ou em satisfação às ridículas e ignóbeis intrigas de localidades. Renove-se a operação cinco ou seis vezes sucessivas, sempre no mesmo espírito e intenção firme e leal de corrigir os abusos. Convertam-se em uma palavra as presidências em cargos puramente administrativos e despojados de todo o caráter político; e eu fico que a província tomará subitamente um novo aspecto, em proveito comum do administrador e dos administrados.

331

Timon a seus leitores

Argüições a Timon — Sua apologia — O sistema de intervenção e de abstenção — O egoísmo, ou a ambição — Uma andorinha só não faz verão — Os retratos e a difamação da província — O vício pudibundo.

Pois que Timon, saindo do seu obscuro retiro, ousa erguer a voz para censurar e afear o vício e o crime, fazer humildes advertências, e dar modestos conselhos aos que paulatinamente nos arrastaram à situação deplorável e vergonhosa em que atualmente nos achamos, pede a justiça que ele também por seu turno compareça perante o tribunal, responda às acusações que lhe fazem, e dê razão de sua pessoa, atos, palavras e doutrinas.

Tendo encontrado nos seus colegas da imprensa e no público em geral um acolhimento e favor que revelam mais indulgência que justiça, e vão em todo caso muito além do acanhado merecimento do autor e da obra, Timon contudo tem dado assunto e ocasião a críticas, censuras, juízos e apreciações, mais ou menos benévolas, mas nem sempre exatas e fundadas.

Tal nota o tom de desalento que reina em suas páginas, e o desgosto que manifesta acerca das coisas e dos homens; tal outro o fatalismo das suas doutrinas. Este o argúi de implacável adversário, senão do sistema eletivo em geral, pelo menos das eleições democráticas e do voto universal; aquele critica o seu indiferentismo, egoísmo, *panteísmo político*, que sei eu? Até não falta quem nos quadros que esboça da virtude oprimida e do vício triunfante veja o oculto pesar de um coração ulcerado pela ingratidão dos partidos, e ouça os derradeiros gemidos de uma esperança que se fina...

O mal é patente, dizem, ninguém o contesta. Mas por isso mesmo que ele existe, é que há mister combatido, sempre, e por toda parte. Se atarmos os braços a vãos receios e esperanças, deixando-nos atoar ao sabor dos acontecimentos, e aguardando que venha um novo Moisés com a mágica varinha abrandar o rochedo, e operar o milagre da regeneração, ficaremos para todo sempre transviados no deserto, sem jamais pôr os pés na cobiçada terra de promissão.

Tentemos responder a todas essas críticas amáveis e benévolas, que em nada alteram, antes redobram, se é possível, o profundo reconhecimento do autor.

Sem dúvida, a mais elevada filosofia no-lo ensina, e Timon o não ignora, o homem foi nascido e criado para o trabalho e para a luta, com que desvie e vença o mal de um lado, e atinja o bem e a perfeição de outro. E por mais que as decepções se multipliquem, nunca deve ele deslembrar que sendo a missão de servir aos seus e à pátria, quase imposta pelo céu e pela natureza, o descorçoamento vem a ser uma verdadeira impiedade. Para encher satisfatoriamente os nossos deveres, e achar na Terra a paz e quietação a que aspiramos, e a aprovação da própria consciência, é mister que desempenhemos a tarefa que nos foi dada, sem ter conta com o êxito dos esforços empregados, porquanto o dever é coisa perfeitamente independente e distinta do resultado e bom sucesso. Além de que, a ineficácia das lutas do homem para o bem é muitas vezes aparente, pois não é raro que uma estrondosa posto que tardia reparação venha por fim coroar as suas fadigas, e recompensá-lo das contrariedades, repulsas e baldões sofridos.

Fais ce que dois, advienne que pourra[117] — diz o antigo

---

[117] *Fais ce que dois, advienne que pourra*: faça o que deve, não importa o que aconteça.

provérbio francês. Não é pois sobre este ponto que podem
ocorrer dúvidas, a dificuldade toda consiste em apurar em
certas circunstâncias dadas onde esteja o dever, se na intervenção, se na abstenção.

Um dos característicos da época é a ambição arrojada, o
orgulho, a temeridade, a presunção e o desvanecimento,
imaginando cada um de si que nasceu e foi sorteado pela
natureza para dirigir outros, que é azado, cabal e poderoso
para tudo tentar e pôr por obra. Esses tais, e os que se sen-
tirem e forem realmente animados do fogo divino, lancem-
se muito embora na arena, e caminhem desassombrados até
onde os seus destinos os guiarem. É sem dúvida grandioso
e digno espetáculo o do patriotismo e do talento que através de todas as dificuldades e perigos, procuram servir o
país, satisfazendo ao mesmo tempo as aspirações de uma legítima ambição; e é certamente muito mais glorioso e nobre reprimir, moderar, dirigir e utilizar as paixões humanas
do que votar-lhes um desprezo impotente e estéril, de que
elas zombam em seu curso triunfante e desregrado; mas nisto como em tudo mais deve cada um, recolhido em seu
conceito, pesar séria e maduramente as próprias forças, e verificar a sua aptidão e capacidade, sob pena de não só per-
der-se inutilmente, como de prestar novos alimentos ao fo-

JORNAL DE TIMON

go devorador da imoralidade. A força sem conselho desaba com o próprio peso, disse o poeta.

Vis consili expers, mole ruit sua.

Ora, Timon, pouco confiado senão tímido e pusilânime por temperamento, algum tanto experiente em nossas coisas, e escarmentado em tantos exemplos alheios, não se sente de nenhum modo inclinado a associar-se aos nossos partidos, conhecendo que de todo lhe falecem as forças e aptidões indispensáveis para corrigi-los e guiá-los ao bem.

No meio dessas pequenas facções não vejo a pátria. Pesar, sentimento de esperanças fraudadas, não os sente Timon; desalento e desgosto, sim, se o entendeis pelo tédio e repugnância que lhe inspiram o espetáculo e os atores.

Não que todos os homens políticos se arremessem na arena, arrastados pelos instintos de uma organização perversa, para darem satisfação às paixões desregradas que os agitam; mas é que ninguém pode respirar impunemente a atmosfera corrupta dos partidos. Ela não fulmina instantaneamente com a morte, como no funesto vale de Java, os desventurados que têm a imprudência e temeridade de penetrá-la; mas ficais crendo que manso e manso, e aos pedaços, todos ali vão deixando o brio, o pundonor e a virtude, que constituem a vida moral do homem. Os homens de

336

TIMON A SEUS LEITORES

bem que na carreira pública buscam dar emprego honesto a seus talentos e atividade, e arriscam a perigosa aventura dos partidos, reconhecem e confessam sim a imoralidade deles, mas sempre seguros de si, e, confiados no influxo de uma estrela benigna, presumem que vão dar na balança um peso decidido contra o mal, e farão por fim tal e tamanho bem e serviço que ficarão mais que muito compensadas as humilhações que são, e a todos se antolham inevitáveis. Turvada a mente por tais idéias, fascinados por esta esperança falaz, e arrastados por uma doutrina perversa, pregada sem rebuço, justificada por eminentes e numerosos exemplos, e coroada por tantos resultados felizes, ei-los caminhando de transação em transação, de concessão em concessão, sacrificando agora um, depois outro princípio, hoje os escrúpulos de uma simples delicadeza, e amanhã tudo quanto há de grave, respeitável e sagrado na vida. O mal que a princípio é encarado com estranheza e horror, já o toleramos, dissimulamos e desculpamos nos outros; depois o aprovamos, e por fim o cometemos de nossa própria conta, e fazemos dele alarde e ostentação. Maculados de contínuo por contatos infames, a alma, o caráter, e ainda o mesmo talento se apoucam, depravam, aviltam e rebaixam a um grau tão ínfimo que nos encheria de horror se desde o primeiro passo na carreira fatal tivéssemos podido entrevê-lo. E o fantasma que

JORNAL DE TIMON

enxergávamos nos prestígios da diabólica miragem, e nos sustinha no curso desses vergonhosos sacrifícios, cada vez se afasta para mais longe, até de todo esvaecer-se, deixando-nos só o pesar e o remorso da fadiga e do crime, igualmente inúteis; se não é que endurecidos pelo mesmo crime, chegamos até a gloriar-nos da própria degradação!

Falta a Timon essa flexibilidade que sabe amoldar-se a todas as situações; e falta-lhe sobretudo a mola poderosa da ambição, a força, energia e atividade, bem como todas as esperanças e ilusões que ela gera; e eis aí por que, no estado das coisas, e segundo o juízo que delas forma, entende ele que o seu dever é abster-se; que assim conserva ao menos intato o único patrimônio que possui, o da integridade do seu caráter. Sem a orgulhosa pretensão de reprimir o mal, e convertê-lo em bem, que há aí de mais lógico e natural do que o seu retiro e apartamento dos públicos negócios, abandonado por uma vez o empenho perigoso e inútil de discutir e conciliar os interesses variados, recíprocos e encontrados de concidadãos que não solicitam, antes de muito bom grado dispensam o auxílio dos seus conselhos? No silêncio e retiro da obscuridade, ocupado, como Erasmo, a corrigir provas de imprensa, ou desempenhando outros deveres igualmente obscuros e modestos da vida privada, esquivando o comércio da multidão, Timon, como em porto abriga-

TIMON A SEUS LEITORES

do da tormenta, escapa mais facilmente ao turbilhão dos maus costumes, que à nossa vista, e à roda de nós, envolve e arrebata tantos outros que fatigam as cem bocas da fama, e trazem cheio o universo do ruído dos seus nomes.

Quererá isto dizer que Timon é indiferente ao bem e ao mal, à opinião e estima dos seus contemporâneos, desprezador, enfim, de homens e deuses? Longe disso, ele preza e reconhece todas as provas de uma consideração fundada em motivos reciprocamente honestos, puros, desinteressados e espontâneos. Fazer-se porém humilde solicitador e vil cortesão das paixões poderosas e triunfantes; prestar as mãos às torpes baixezas com que tantos se alçam às maiores honras; enredar-se em uma palavra nas tortuosas veredas que guiam ao poder, é o que lhe não sofre o ânimo. E todo o seu orgulho e egoísmo está em pedir de contínuo à Providência que o sustenha às bordas do vertiginoso abismo, e na próspera como na adversa fortuna lhe dê a força necessária para resistir às tentações do mal.

Porém, mesmo na pretendida inação e egoísmo de que o argúem, o seu proceder e isolamento podiam ser um exemplo; e são decerto, com as páginas modestas que publica, um protesto formal contra o proceder oposto. Receiam acaso amigos e adversários que este exemplo seja contagioso, e que, desencaminhado e seduzido por ele, o tropel dos

339

JORNAL DE TIMON

combatentes abandone as armas, e deserte o campo? Temor
vão e pueril! Nesta abstenção o que contemplam todos é um
competidor de menos, e um lugar vago de mais, para ocupar o qual se mostram e oferecem de toda parte, e em cardumes, talentos não vulgares, eminentes capacidades e corações ardentes de fé, entusiasmo e dedicação.

Uno avulso, non deficit alter.[118]

Seja. A nobre e verdadeira ambição antes se veja frustra-
da que satisfeita por tais meios; e àqueles que o suspeitam
devorado pelo pesar, Timon responde que ama mais entra-
nhar-se na rude, austera, apagada, mas não vil tristeza de
que nos fala o grande épico português, do que evaporar-se
nos gozos e alegrias dos efêmeros e ignóbeis triunfos que todos os dias passam diante de seus olhos, como fantasmas va-
porosos que se dissipam ao menor sopro.

Não encerrarei o capítulo sem responder a duas outras
acusações não menos graves, posto que menos públicas. Timon, dizem, faz nos seus retratos alusão a personagens da
época, e desdoura a sua pátria, pintando-a tão corrompida.

Meu Deus! Que culpa tem o pobre escritor de que a
ociosidade, a malícia, e porventura a voz de algumas cons-

---

[118] *Uno avulso, non deficit alter*: faltando um, aparece outro.

TIMON A SEUS LEITORES

ciências pouco tranqüilas acusem alusões positivas e inten-
cionais onde não há senão pinturas gerais, em forma de retratos, dos costumes, extravagâncias e desconcertos da nossa sociedade? Timon nega toda intenção semelhante, que
seria isso ir diretamente contra os seus fins, e frustrar com
bem pouco aviso todo bom resultado que de seus esforços
podia razoadamente prometer-se.

Pelo que toca ao descrédito e difamação da terra que
nos viu nascer, não tenho admiração para o vício pudibundo, que cora até a raiz dos cabelos, e cobre com as mãos ambas o rosto turvado de uma ingênua e amável confusão! Mas
quem ousaria, a não serem os cúmplices do mal, os culpa-
dos impenitentes e relapsos, quem ousaria negar, encobrir,
ou ainda simplesmente dissimular a degradação e opróbrio
a que temos chegado, e hão feito de nós a fábula e o baldão
da corte e do império todo, da corte especialmente, que a
tantos respeitos nos trata com o desprezo de que somos dignos? Consiste porventura o patriotismo, ou o provincialis-
mo, em negar impudentemente uma verdade conhecida por
tal, ou antes confessar nobremente o mal, e da grandeza dele tirar motivo e ocasião para reclamar a emenda e reforma
a grandes brados? O que nos desonra e avilta é a corrupção
e o vício, são as recriminações apaixonadas das facções, não
a exprobração severa, imparcial e desinteressada que Timon

341

arremessa sem hesitar à face de todas elas, e da qual se sente por antecipação absolvido no tribunal de uma opinião esclarecida, como já o está pela sua própria consciência.

ESTA OBRA FOI IMPRESSA NA
LIS-GRÁFICA INDÚSTRIA GRÁFICA LTDA.
PARA A EDITORA CULTRIX LTDA.,
EM SÃO PAULO, COM FILMES FORNE-
CIDOS PELO EDITOR.

ESTA OBRA FOI COMPOSTA PELA TYPE-
LASER DESENVOLVIMENTO EDITORIAL
EM ADOBE GARAMOND E IMPRESSA PE-
LA GEOGRÁFICA SOBRE PAPEL PÓLEN
SOFT PARA A EDITORA SCHWARCZ EM
MAIO DE 1995.